Sir Arthur Conan Doyle

Ausgewählte Werke ~ Band 42

Napoleons großer Schatten

Sir Arthur Conan Doyle

Napoleons großer Schatten

ROMAN

HERAUSGEGEBEN VON OLAF R. SPITTEL

VERLAG 28 EICHEN
BARNSTORF

Übersetzung aus dem Englischen von
Detlef Fischer.

Originaltitel: The Great Shadow.

Erstveröffentlichung des Originals (als Serie) im:
Toronto Globe, Toronto, Oktober – November 1892.
Erste Buchausgabe:
Arrowsmith's Christmas Annual, 1892.
J.W. Arrowsmith, Bristol.

Korrektoren: Sigrid Ertl / Klauspeter Bungert

Die Deutsche Bibliothek verzeichnet diese Publikation
in der Deutschen Nationalbibliographie.
Detaillierte bibliographische Daten sind im Internet über
http://dnb.ddb.de abrufbar.
ISBN 978-3-940597-91-5

Cover unter Verwendung des Gemäldes
„The Emperor Napoleon in His Study at the Tuileries" (1812)
von Jacques-Louis David. (National Gallery of Art, Washington D. C.).

Schattenriß auf Seite 2 aus: Bernhard Fehr: Die englische Literatur des 19.
und 20. Jahrhunderts. Akademische Verlagsgesellschaft Athenaion,
Berlin-Neubabelsberg 1923 nach: Bookman 1912.

Inhalt

1. Die Nacht der Signalfeuer

Es ist ein befremdliches Gefühl für mich, Jock[1] Calder aus West Inch, daß, obwohl ich nun, in genau der Mitte des 19. Jahrhunderts, erst fünfundfünfzig Jahre zähle, und ich, obwohl meine Frau mir vielleicht nur einmal die Woche eine kleine graue Borste über meinem Ohr ausreißen kann, in einer Zeit gelebt haben soll, in der die Gedanken und Wege der Menschen so anders waren, als hätte sich alles nicht auf diesem Planeten zugetragen. Denn wenn ich über meine Felder wandere, kann ich, unten bei Berwick, die kleinen weißen Dampfwölkchen sehen, welche mir von dem seltsamen neuen hundertbeinigen Biest berichten, mit Kohle als Futter und tausend Menschen in seinem Bauch, welches dort nun immerzu über die Grenze kriecht. An sonnigen Tagen kann ich das Glitzern seiner Messingbeschläge sehen, wenn es die Kurve nach Corriemuir nimmt; und dann, wenn ich auf das Meer hinausschaue, ist da wieder dasselbe Biest oder gar ein Dutzend davon, einen schwarzen Pfad am Himmel und einen weißen im Wasser hinterlassend und dem Wind entgegenschwimmend, so leicht, wie der Lachs den Tweed hinauf. Ein Anblick wie dieser hätte meinen guten alten Vater wohl ebenso sprachlos vor Zorn gemacht, wie auch überrascht; denn er war so sehr von der Furcht beseelt, den Schöpfer zu verletzen, daß er

1 Jock ist eine im schottischen Englisch gebräuchliche Koseform des Namens John. Sie entspricht der in England gängigen Form Jack.

immer darauf bedacht war, nicht wider die Natur zu handeln, und daher vermutete er stets hinter allen neuen Dingen etwas Blasphemisches. Da Gott das Pferd schuf und ein Mann bei Birmingham die Dampfmaschine, wäre mein guter alter Vater bei Sattel und Sporen geblieben.

Aber er wäre sicher noch mehr überrascht gewesen, den Frieden und die Freundlichkeit zu sehen, welche jetzt in den Herzen der Menschen herrschte, und das Gerede in den Zeitungen und den Versammlungen, daß der Krieg nun vorbei ist – ausgenommen natürlich, mit den Schwarzen und dergleichen. Denn als er starb, hatten wir beinahe ein Vierteljahrhundert nahezu pausenlos gekämpft, mit Ausnahme zweier kurzer Jahre. Denkt daran, Ihr die Ihr jetzt so ruhig und friedlich lebt! Babys, welche während des Krieges geboren wurden, wuchsen zu bärtigen Männern heran, bekamen eigene Babys, und der Krieg ging trotzdem weiter. Jene, welche in ihren besten Jahren gedient und gekämpft hatten, waren nun vom Alter steif und gebeugt, und dennoch, Schiffe und Armeen kämpften. Es war kein Wunder, daß die Leute letztendlich zu der Ansicht kamen, dies sei der natürliche Zustand, und dachten, wie sonderbar es doch wohl sein mußte, sich im Frieden zu befinden. Während dieser langen Zeit kämpften wir gegen die Holländer und die Dänen, die Spanier und die Türken, gegen die Amerikaner und gegen Montevideo, bis es schien, daß in diesem weltweiten Kampf keine Rasse zu eng verwandt war oder zu weit entfernt, um nicht in die Auseinandersetzungen hineingezogen zu werden. Aber von allen am heftigsten bekämpften wir die Franzosen, und der Mann, welchen wir mehr als all die anderen verabscheuten, fürchteten und bewunderten, war der großartige Kapitän, welcher über sie herrschte.

Es war ein leichtes, Karikaturen von ihm zu zeichnen und Spottlieder über ihn zu singen und so zu tun, als sei er ein Betrüger; aber ich kann Euch sagen, daß die Furcht vor diesem Mann wie ein schwarzer Schatten über ganz Europa hing und daß es eine Zeit gab, in der der Schimmer eines Feuers bei Nacht an der Küste jede Frau auf die Knie hätte fallen lassen und jeden Mann nach seiner Muskete greifen. Er hatte immer gewonnen – das war das Schreckliche daran. Das Schicksal schien es gut mit ihm zu meinen. Und heute wissen wir, daß er mit einhundertfünfzigtausend kampferfahrenen Männern und Booten an der Nordküste lag bereit zur Überfahrt. Aber es ist auch eine bereits bekannte Geschichte, wie ein Drittel der erwachsenen Bevölkerung unseres Landes zu den Waffen griff und wie ein kleiner, einäugiger, einarmiger Mann seine Flotte zermalmte. So sollte es auch weiterhin ein Land in Europa geben, in dem man frei denken und sprechen konnte.

Es gab ein großes Signalfeuer nahe Tweedmouth, errichtet aus Baumstämmen und Teerfässern, und ich kann mich noch gut daran erinnern, wie ich Nacht für Nacht meine Augen anstrengte, um zu sehen, ob es brannte. Ich war erst Acht zu dieser Zeit, aber es ist ein Alter, in dem man die Dinge sehr ernst nimmt, und ich hatte das Gefühl, daß das Schicksal des Landes in irgendeiner Weise an mir hing und meiner Aufmerksamkeit. Und dann, eines nachts, als ich wieder Ausschau hielt, sah ich plötzlich ein kleines Flackern auf dem Signalfeuerhügel – eine einzelne rote Flammenzunge in der Dunkelheit. Ich erinnere mich noch, wie ich mir die Augen rieb, mich zwickte und mit meinen Fingerknöcheln gegen die steinerne Fensterbank klopfte, um ganz sicher zu sein, daß ich auch wirklich wach war. Und dann schoß die Flamme höher und ich sah die rot zitternde Linie sich auf dem Wasser spiegeln und ich stürmte in die Küche, dabei meinen Vater anschreiend, daß die Franzosen übergesetzt hätten und daß das Tweedmouth' Signalfeuer brennen würde. Er sprach gerade mit Mr. Mitchell, dem Jurastudenten aus Edinburgh; und ich sehe ihn noch heute vor mir, wie er seine Pfeife am Kaminsims ausklopfte und mich über den Rand seiner Hornbrille anschaute.

„Bist du sicher, Jock?“ fragte er.

„Todsicher!“ keuchte ich, nach Luft schnappend.

Er streckte seine Hand nach der Bibel auf dem Tisch aus und schlug sie auf seinen Knien auf, so, als wollte er uns daraus vorlesen, aber ohne ein einziges Wort schloß er sie wieder und eilte hinaus. Wir liefen ebenfalls, der Jurastudent und ich, und folgten ihm hinunter zum Tor an der Hauptstraße. Von hieraus konnten wir das rote Licht des großen Signalfeuers sehen, und den Schimmer eines kleineren, nördlich von uns, bei *Ayton*. Meine Mutter kam mit zwei Decken für uns herunter, zum Schutz gegen die Kälte, und wir standen dort bis zum Morgen, sprachen nur wenig miteinander und wenn, dann auch nur flüsternd. Auf der Straße drängten sich mehr Leute als jemals in einer Nacht zuvor; viele der Freibauern, die unsere Straße hinauf kamen, hatten sich beim Berwick-Freiwilligen-Regiment eingetragen und ritten nun so schnell sie die Hufe ihrer Pferde tragen konnten zur Musterung. Einige nahmen noch einen Abschiedstrunk, oder auch zwei, bevor sie weiterritten, und ich werde wohl niemals jenen einen vergessen, welcher, ein großes rostiges Schwert im Mondenschein schwingend, auf einem gewaltigen weißen Roß an uns vorbeistürmte. Sie riefen uns im Vorbeieilen zu, daß das Feuer der Gerechtigkeit von North Berwick entflammt sei und daß der Alarm wohl vom Edinburgh Castle ausgelöst wurde. Es gab auch einige wenige, welche in die entgegengesetzte Richtung galoppierten – Kuriere für

Edinburgh und den Sohn des Gutsherren und Master Clayton, den stellvertretenden Polizeichef, und solche Leute eben. Und dann war da noch ein wohlgebauter, kräftiger Mann, auf einem Rotschimmel, welcher an unserem Tor innehielt und ein paar Fragen nach dem Weg stellte. Er nahm seinen Hut ab, um sich für einen Moment Erleichterung zu verschaffen, und ich sah, daß er ein freundliches, langgezogenes Gesicht hatte und eine hohe Stirn, welche unter einem Schopf roten Haares verschwand.

„Ich befürchte, es ist falscher Alarm“, sagte er. „Vielleicht hätte ich besser daran getan, dort zu bleiben, wo ich war; aber nun bin ich schon so weit gekommen, da kann ich mein Frühstück auch mit dem Regiment einnehmen.“

Er gab seinem Pferd die Sporen und preschte den Hügel hinunter.

„Den kenn’ ich wohl“, sagte unser Student, ihm hinterhernickend. „Er ist ein Rechtsanwalt aus Edinburgh und hat ein wunderbares Händchen beim Knüpfen von Versen. Wattie Scott[2] ist sein Name.“

Niemand von uns hatte je zuvor von ihm gehört; doch es sollte nicht lange dauern, da war es der bekannteste Name in ganz Schottland, und noch oft dachte wir daran, wie er uns in dieser Nacht des Schreckens nach dem Weg gefragt hatte.

Doch am frühen Morgen hatten sich unsere Gemüter etwas beruhigt. Es war grau und kalt, und meine Mutter war hinauf ins Haus gegangen, um uns eine Kanne Tee zu kochen, als eine Kutsche die Straße hinunter kam, mit Dr. Horscroft aus Ayton und seinem Sohn Jim. Der Kragen von des Doktors braunem Mantel war bis über

2 Sir Walter Scott (* 15. August 1771 in Edinburgh; † 21. September 1832 in Abbotsford) war ein schottischer Dichter und Schriftsteller und einer der meistgelesenen Autoren seiner Zeit.

die Ohren hochgeschlagen, und sein Blick zeugte von seiner finstersten Laune; denn Jim, welcher erst fünfzehn Jahre alt war, hatte sich beim ersten Alarm mit der neuen Vogelflinte seines Vaters nach Berwick davongemacht. Die ganze Nacht war ihm sein Vater hinterhergejagt, und hier war er nun, ein Gefangener, mit dem Lauf der gestohlenen Flinte, hinter dem Sitz hervorstechend. Er sah ebenso mürrisch aus wie sein Vater; die Hände in den Hosentaschen vergraben, seine Augenbrauen tief heruntergezogen, die Unterlippe schmollend vorgeschoben.

„Es ist alles eine Lüge“, rief der Doktor, als er vorbeifuhr. „Es gab keine Landung, und alle Narren Schottlands sind umsonst auf die Straßen gerannt.“

Sein Sohn Jim brummelte daraufhin etwas zu ihm hinauf, und sein Vater verpaßte ihm einen Schlag mit der geballten Faust an den Hinterkopf, welcher das Kinn des Jungen auf die Brust beförderte, so, als sei er betäubt worden. Mein Vater schüttelte den Kopf, denn er mochte Jim; aber dann gingen wir alle hinauf zum Haus, vor Müdigkeit blinzelnd und kaum noch in der Lage, die Augen offenzuhalten, jetzt, da wir wußten, daß wir in Sicherheit waren, empfanden wir ein Hochgefühl in unseren Herzen, wie ich es nur noch ein- oder zweimal erlebt habe.

Nun hat all jenes nur wenig mit dem zu tun, weshalb ich meinen Stift in die Hand nahm, um davon zu berichten; aber wenn ein Mann ein gutes Gedächtnis hat und nur wenig Geschick, so kann er nicht einen Gedanken hervorziehen, ohne daß diesem nicht gleich ein Dutzend andere folgen. Und doch, jetzt wo ich darüber nachdenke, hat es doch mit all dem zu tun; denn Jim Horscroft verfiel in einDer Rest si en solch tödlichen Streit mit seinem Vater, daß er kurzerhand an die Berwick Academy verfrachtet wurde, und weil mein Vater sich schon länger gewünscht hatte, daß ich diese Schule besuche, packte er die Gelegenheit beim Schopf und schickte mich ebenfalls dort hin.

Aber bevor ich ein Wort über jene Schule verliere, sollte ich dorthin zurückkehren, wo ich hätte beginnen sollen, und Euch berichten, wer ich überhaupt bin; denn möglicherweise werden meine Worte ja von Leuten weit jenseits der Landesgrenze gelesen, die noch nie etwas von den Calders aus West Inch gehört haben.

Es hat einen kühnen Klang, West Inch, aber es ist kein schmuckes Landgut mit einem stattlichen Haus darauf, sondern nur eine karge, vom Winde gepeitschte Schafweide, welche zur schroffen Küste hin ausläuft und von der ein sparsamer Mann mit harter Arbeit gerade so seine Pacht bezahlen und sich sonntags statt Sirup auch mal Butter leisten mochte. In der Mitte steht ein Haus aus grauem Stein, mit Schiefer gedeckt, einem Stall dahinter, und in das Mauerwerk über dem Türsturz ist „1703“ eingehauen. Dort lebte meine Familie nun schon seit über hundert Jahren, und trotz ihrer Armut schuf sie sich einen guten Namen bei den Leuten; denn auf dem Lande ist der alteingesessene Freibauer oft besser angesehen als der neue Gutsherr.

Mit dem Haus auf West Inch hatte es noch etwas Kurioses auf sich. Ein paar Vermessungsingenieure und andere schlaue Leute hatten herausgefunden, daß die Landesgrenze mitten hindurch verlief und damit unser zweites Schlafzimmer in eine englische Hälfte und eine schottische Hälfte teilte. Das Bett nun, in welchem ich immer schlief, war so ausgerichtet, daß mein Kopf nördlich der Grenze lag und meine Füße südlich davon. Meine Freunde behaupten, daß, hätte ich zufällig andersherum gelegen, mein Haar wohl nicht so rot wäre und ich nicht solch ein Sturkopf. Eines weiß ich jedenfalls, daß nämlich, mehr als einmal in meinem Leben, wenn mein schottischer Dickschädel keinen Ausweg mehr aus einer Gefahr sah, meine guten kräftigen englischen Beine mir zur Hilfe eilten und mich einfach davontrugen. Auch in der Schule sollten die Sticheleien kein Ende finden, denn sie nannten mich „Halb und Halb“ und „The Great Britain“ und manchmal „Union Jack“. Wenn es eine Rauferei zwischen den englischen Jungs und den schottischen gab, so traten die einen mir ans Scheinbein und die anderen verpaßten mir Ohrfeigen, und dann hielten beide Parteien inne und lachten, als gäbe es nichts Lustigeres.

Zuerst war ich sehr unglücklich an der Berwick Academy. Birthwistle war der Direktor und Adams sein Stellvertreter, und ich mochte sie beide nicht. Ich war von Natur aus scheu und zurückhaltend und eher langsam beim Schließen von Freundschaften, sowohl mit den Lehrern als auch mit den Schülern. Es waren neun Meilen Luftlinie und elfeinhalb Meilen auf der Straße von Berwick nach West Inch, und mein Herz wurde mir schwer ob der abscheulichen Entfernung, welche mich von meiner Mutter trennte; denn, merkt Euch, ein Bursche dieses Alters gibt zwar vor, er brauche die zärtliche Umarmung seiner Mutter nicht, aber, oh wie traurig ist er, wenn man ihn beim Worte nimmt! Schließlich konnte ich es nicht länger aushalten, und ich beschloß, aus der Schule fortzulaufen und, so schnell es mir möglich war, meinen Heimweg anzutreten. Doch dann, im allerletzten Moment, hatte ich das große Glück, Lob und Bewunderung der gesamten Schule zu ernten, vom Direktor bis ganz hinunter zum letzten Schüler, was mir mein Schulleben von nun an sehr angenehm und leicht machen sollte. Und das alles nur wegen eines Unfalls, welcher mich aus einem Fenster im ersten Stock fallen ließ.

So hat es sich zugetragen. Eines Abends wurde ich von Ned Barton, dem Tyrannen der Schule, getreten; und diese Kränkung, oben auf zu all meinem anderen erfahrenen Unrecht, brachte meinen kleinen Krug zum Überlaufen. In dieser Nacht schwor ich, als ich mein tränenbeflecktes Gesicht in den Decken vergrub, daß ich mich am nächsten Morgen entweder auf West Inch oder wenigstens aber auf dem Weg dorthin befinden würde. Unser Schlafsaal befand sich im ersten Stock, doch ich war ein famoser Kletterer und konnte Höhen gut einschätzen. Es machte mir zum Beispiel nur wenig aus, jung wie ich war, mich, mit einem Seil um die Lenden, vom Giebel unseres Hauses auf West Inch zu schwingen, und dieser befand sich immerhin dreiundfünfzig Fuß über dem Boden. Keine noch so große Furcht konnte mich also daran hindern, Birthwistles Schlafsaal zu entkommen. Ich wartete eine schier endlose Weile, bis das Husten und Herumwälzen endlich verstummt waren und alles in der langen Reihe hölzerner Betten schlief; dann erhob ich mich leise, schlüpfte in meine Kleider, nahm meine Schuhe in die Hand und schlich auf Zehenspitzen zum Fenster. Ich öffnete die Flügel und schaute hinaus. Unter mir lag der Garten und ganz in Reichweite meiner Hand befand sich der starke Ast eines Birnbaumes. Ein gewandter Bursche konnte sich keine bessere Leiter wünschen. Erst einmal im Garten, hatte ich nur noch eine fünf Fuß hohe Mauer zu überwinden, und dann gab es nichts weiter, als die Strecke zwischen mir und meinem Zuhause. Ich suchte mit einer Hand einen festen Halt an einem Ast, stützte mich mit meinem Knie auf einen anderen und wollte mich gerade aus dem Fenster schwingen, als ich im nächsten Moment plötzlich, wie zu Stein erstarrt, innehielt.

Von der Krone der Mauer schaute ein Gesicht zu mir herüber. Ein Schauer der Angst traf mein Herz ob seiner Blässe und seiner Schweigsamkeit. Es schimmerte im Mondlicht und die Augäpfel bewegten sich langsam von einer Seite zur anderen, doch der Birnbaum schirmte mich vor seinen Blicken ab. Dann fuhr das Gesicht ruckartig nach oben, bis Hals, Schultern, Taille und die Knie eines Mannes sichtbar wurden. Er setzte sich auf die Mauerkrone, und mit einem großen Schwung hievte er einen Burschen meiner Statur hinter sich herauf, welchem von Zeit zu Zeit der Atem stockte, so als unterdrückte er ein Schluchzen. Der Mann schüttelte ihn mit ein paar rauhen Worten, und dann ließen sie sich beide in den Garten fallen. Ich balancierte noch immer mit einem Fuß auf dem Ast und einem auf dem Fenstersims und rührte mich nicht, aus Angst, ihre Aufmerksamkeit zu erregen, denn ich konnte hören, wie sie sich verstohlen in dem langen Schatten des Hauses bewegten. Dann, plötzlich, und unmittelbar unter meinen Füßen, hörte ich ein leises knirschendes Geräusch und das Klirren zerbrochenen Glases.

„Das reicht“, hörte ich den Mann begierig flüstern. „Da paßt du durch.“

„Aber an den Rändern ist überall noch Glas“, rief der andere mit schwacher zitternder Stimme.

Der Kerl stieß einen so fürchterlichen Fluch aus, daß ich eine Gänsehaut bekam.

„Hinein mit dir, du Anfänger“, knurrte er, „oder ...“

Ich konnte nicht sehen was er tat, aber es war ein kurzes schmerzvolles Keuchen zu hören.

„Ich gehe ja! Ich gehe ja! jammerte der kleine Bursche.

Aber weiter hörte ich nichts, denn in meinem Kopf verschwamm plötzlich alles, meine Ferse rutschte vom Ast, und mit einem furchtbaren Schrei und meinen neunundfünfzig Pfund, landete ich genau auf dem gebeugten Rücken des Einbrechers. Wenn Ihr mich fragt, so kann ich bis heute nicht wirklich sicher sagen, ob es ein Unfall war oder ob ich es geplant hatte. Es mag sein, daß während ich darüber nachdachte es zu tun, das Schicksal die Angelegenheit für mich erledigte. Jedenfalls hatte der Kerl sich mit seinem Kopf gerade nach vorne gebeugt, um den Jungen durch ein kleines Fenster zu schieben, als ich auf ihn stürzte, genau dort, wo der Nacken ins Rückgrat übergeht. Er gab eine Art pfeifenden Schrei von sich, fiel auf sein Gesicht, und mit den Fersen auf den Rasen trommelnd, überschlug er sich dreimal. Sein kleiner Begleiter huschte blitzschnell im Mondlicht vorbei und war im Handumdrehen über die Mauer verschwunden. Was mich betrifft, ich saß da, schrie mir die Lunge aus dem Hals und rieb mir mein Bein, welches sich anfühlte, als hätte man einen rotglühenden Eisenring drumherumgeschmiedet.

Wie man sich vorstellen kann, brauchte es nicht lange, bis die gesamte Schule, vom Direktor bis zum Stallburschen, sich mit Lampen und Laternen im Garten eingefunden hatte. Die Angelegenheit war bald geklärt; der Mann wurde auf einem Fensterladen fortgeschafft, und mich trug man in einem feierlichen Zeremoniell zu einem besonderen Krankenzimmer, in dem mir Doktor Purdie, der jüngere der beiden Brüder mit diesem Namen, mein Schienbein richtete. Bei dem Einbrecher dagegen hatte man herausgefunden, daß seine Beine gelähmt waren, und die Ärzte waren sich uneinig darüber, ob er sie je wieder würde benutzen können; allerdings gab ihnen das Gesetz keine Gelegenheit, diese Angelegenheit zu klären, denn, nur knapp sechs Wochen später, nach dem Gerichtstag in Carlisle, wurde er gehängt. Es hatte sich erwiesen, daß er der meistgesuchte Gauner im Norden Englands war, denn er hatte mindestens drei Morde begangen, und es gab genügend weitere Anklagepunkte gegen ihn auf der Liste, um ihn wenigstens zehnmal zu hängen.

Nun denn, es war mir nicht möglich, über meine Kindheit hinwegzugehen, ohne Euch von diesem Ereignis zu erzählen, welches wohl das wichtigste überhaupt für mich war. Aber nun werde ich auf weitere Abschweifungen verzichten; denn wenn ich an all das denke, was da noch folgt, sehe ich sehr wohl, daß ich noch eine Menge zu tun haben werde, bevor ich mit meinen Ausführungen fertig bin.

Wenn ein Mensch nur seine eigene kleine private Geschichte zu erzählen hat, so braucht er dafür für gewöhnlich schon eine Menge Zeit; wenn er jedoch in solch gewaltige Ereignisse verstrickt wurde, wie ich sie zu berichten habe, so ist es schwer für ihn, sofern er es nicht von Kindesbeinen an gelernt hat, alles zu seiner besten Zufriedenheit niederzuschreiben. Aber, Gott sei's gedankt, ist mein Gedächtnis so gut wie eh und je, und ich werde versuchen, meinen Bericht nun gradlinig bis zum Ende zu führen.

Es war die Geschichte mit dem Einbrecher, welche den Beginn einer Freundschaft zwischen Jim Horscroft, dem Sohn des Doktors, und mir einleitete. Er war der Anführer der Schüler, vom ersten Tag seiner Ankunft an; denn bereits innerhalb der ersten Stunde hatte er Barton, welcher vor ihm der Anführer war, durch die große Tafel des Klassenzimmers geschleudert. Jim bestand beinahe nur aus Muskeln und Knochen, und selbst damit wirkte er wohlproportioniert und groß, war schwach mit Worten und stark in den Armen, hing meistens faul, mit dem Rücken an die Wände gelehnt, herum und hatte seine Hände dabei tief in den Taschen seiner Kniebundhose. Ich kann mich noch daran erinnern, daß er einen besonderen Trick hatte, einen Strohhalm in einem Winkel seines Mundes zu halten, just so, wie er später seine Pfeife dort zu halten pflegte. Jim war immer der gleiche, im Guten wie im Bösen, seit ich ihn kannte.

Himmel, wie wir alle zu ihm aufschauten! Wir waren noch junge Wilde und hatten den Respekt eines Wilden vor der bloßen Kraft. Da gab es Tom Carndale aus Appleby, der konnte alkäische Strophen[3] schreiben und auch noch Pentameter[4] und Hexameter[5], doch niemand hätte sich ein Bein für Tom ausgerissen; und da war noch Willie Earnshaw, der jede Jahreszahl der Geschichte auf der Zunge hatte, angefangen bei Kain und Abel, so daß sich selbst die Lehrer an ihn wandten, wenn sie im Zweifel waren, und dennoch war er ein schmalbrüstiger Bursche, viel zu lang und dürr; und was halfen ihm seine Jahreszahlen, wenn Jack Simons, aus der unteren Dritten, ihn mit dem Schnallenende seines Gürtels den Gang hinunter trieb? Doch mit Jim Horscroft machtest du solche Dinge nicht. Was für Geschichten erzählten wir uns heimlich über seine Kraft! Wie er mit der bloßen Faust die Eichentür des Spielraumes durchschlug; wie er, als Long Merridew beim Rugby den Ball hatte, sich Merridew und den Ball schnappte und mit beiden eilig an den Verteidigern vorbei ins Malfeld rannte. Es schien uns unpassend, daß ein solcher Bursche wie er, seinen Kopf mit Spondeen[6] und Daktylen[7] belasten sollte oder sich darum scheren, wer die Magna Charta unterzeichnet hatte. Wenn er vor der ganzen Klasse behauptete, daß es König Alfred gewesen sei, dann glaubten wir jungen Burschen, daß

3 Die alkäische Strophe ist in der antiken Metrik eine nach dem griechischen Dichter Alkaios benannte Strophenform.

4 Pentameter – fünffüßiger Vers (Musik, Gesang).

5 Hexameter – Zeile von sechs Takten (Musik).

6 Spondeus – antiker Versfuß.

7 Daktylus – antiker Versfuß

es ganz bestimmt so war und daß Jim vielleicht sogar mehr darüber wußte als der Mann, welcher das Buch geschrieben hatte.

Nun, es war die Geschichte mit dem Einbrecher, welche seine Aufmerksamkeit auf mich richtete; weshalb er mir den Kopf tätschelte und sagte, ich sei ein mutiger kleiner Teufel, was mich eine ganze Woche lang beinahe vor Stolz platzen ließ. Zwei Jahre lang waren wir die dicksten Freunde, trotz der Kluft an Jahren, die zwischen uns lag, und obwohl er bei seinen Wutausbrüchen und seiner Eigenwilligkeit viele Dinge tat, die mich sehr schmerzten, liebte ich ihn dennoch wie einen Bruder und weinte so heftig, daß man ein Tintenfaß hätte füllen können, als er schließlich nach Edinburgh ging, um den Beruf seines Vaters zu studieren. Danach hielt ich es noch fünf Jahre an Birthwistle's School aus, und als ich ging, war ich der Anführer, denn ich war drahtig und zäh wie ein Walknochen, obwohl ich nie das Gewicht und die Kraft meines großen Vorgängers erreichte. Es war im Jubiläumsjahr, als ich die Schule verließ und dann drei Jahre zu Hause verbrachte, um die Viehzucht zu erlernen; doch noch immer lagen die Schiffe und Armeen im Kampf, und noch immer lag der große Schatten Bonapartes über dem Land. Wie konnte ich ahnen, daß auch ich noch dazu beitragen sollte, diesen Schatten für immer von unserem Volk zu nehmen?

2. Cousine Edie aus Eyemouth

Einige Jahre zuvor, als ich fast noch ein kleiner Junge war, kam die einzige Tochter meines Vaters Bruder, auf einen fünfwöchigen Besuch zu uns. Willie Calder hatte sich als Fischernetzknüpfer in Eyemouth niedergelassen und hatte aus seinem Garn mehr gemacht, als wir jemals aus dem Stechginster und den Sanddünen von West Inch herauszuholen vermocht hatten. So erschien dann auch seine Tochter, Edie Calder, in einem wunderschönen roten Kleid und einer Fünf-Schilling-Haube und einem Reisekoffer voller Dinge, welche die Augen meiner lieben Mutter hervortreten ließen wie die einer Krabbe. Es war wunderbar anzuschauen, wie ungezwungen sie mit Geld umging, und obwohl sie noch eine junge Göre war, gab sie dem Kutscher die Summe, welche er verlangte und noch zwei ganze Pennies mehr, auf welche er gar keinen Anspruch hatte. Sie trank Ingwerlimonade so selbstverständlich wie wir Wasser, und sie nahm ihren Tee mit Zucker und Butter auf ihr Brot, als sei sie eine Engländerin. Ich machte mir nicht viel aus Mädchen zu dieser Zeit, denn es war schwer für mich zu erkennen, wofür sie überhaupt geschaffen waren. Keiner von uns an Birthwistles School dachte viel über sie nach; aber bei den jüngsten Burschen schien diese Empfindung am stärksten ausgeprägt, während sie sich mit zunehmendem Alter dann damit nicht mehr so sicher waren. Wir Jüngeren jedenfalls hatten alle nur eine Meinung: eine

Kreatur, welche nicht kämpfen konnte und, jawohl, statt dessen nur Geschichten erfinden und keinen Stein werfen konnte, ohne daß ihr Arm dabei aussah wie ein flatternder Lappen im Wind, war zu rein gar nichts zu gebrauchen. Und dann diese Allüren, welche sie an den Tag legten, als seien sie Mutter und Vater in einer Person; ständig ein Spiel unterbrechend mit „Jimmy, deine Zehen schauen ja durch deine Schuhe“, oder „Geh nach Hause, du schmutziger Junge, und wasch dich erst mal!“ bis man von ihrem bloßen Anblick schon die Nase voll hatte.

Als nun dieses Wesen kam, um sich auf West Inch niederzulassen, war ich nicht besonders erfreut, sie zu sehen. Ich war zu dieser Zeit zwölf Jahre (es waren gerade Ferien) und sie war elf, ein dürres, ziemlich großes Mädel mit dunklen Augen und den seltsamsten Angewohnheiten. Ständig starrte sie mit offenem Mund vor sich hin, so als sehe sie etwas ganz Wunderbares; aber wenn ich mich dann hinter sie stellte und in dieselbe Richtung schaute, konnte ich nichts weiter sehen als den Futtertrog der Schafe oder den Misthaufen oder Vaters Kniebundhosen, welche auf der Wäscheleine hingen. Und selbst wenn sie ein Büschel Heide- oder Farnkraut sehen würde oder etwas ähnlich Alltägliches, so würde sie darüber ganz melancholisch werden und, als wäre sie plötzlich von einer Krankheit befallen, schreien, „Wie süß, wie einzigartig!“, gerade so, als sei es ein gemaltes Bild. Sie mochte keine Spiele, doch ich brachte sie dazu, Abschlagen und ähnliche Sachen zu spielen; aber es machte keinen Spaß, denn ich konnte sie immer schon nach drei Sprüngen fangen und sie mich dagegen niemals, obwohl sie mit solch einem Geraschel und Getöse heranstürmte, als stammte es von wenigstens zehn Burschen. Wenn ich ihr dann sagte, daß sie zu nichts zu gebrauchen sei und ihr Vater ein

Narr, ein so unfähiges Ding großzuziehen, dann begann sie zu weinen und sagte, daß ich ein ungehobelter Bursche wäre und daß sie noch am selben Abend nach Hause fahren würde und mir niemals vergäbe, solange sie lebe. Doch nach fünf Minuten war bereits alles wieder vergessen. Das Sonderbare war, daß sie mich ein ganzes Stück mehr mochte als ich sie und mich niemals allein ließ; ständig beobachtete sie mich und rannte hinter mir her und sagte dann, „Oh, hier bist du!" so, als wäre sie überrascht, mich zu sehen.

Doch bald fand ich heraus, daß sie auch etwas Gutes an sich hatte. Hin und wieder gab sie mir Pennies, so daß ich einmal sogar vier zur gleichen Zeit in meiner Tasche hatte; doch das Beste an ihr waren die Geschichten, die sie erzählen konnte. Sie fürchtete sich sehr vor Fröschen, weshalb ich ihr einen brachte und sagte, ich würde ihn ihr in den Nacken stecken, wenn sie nicht eine Geschichte erzähle. Das half ihr immer auf die Sprünge; aber, wenn sie dann einmal begonnen hatte, war es einfach wunderbar, wie sie die Geschichten weiterspann. Und die Dinge, welche ihr zustießen, waren mehr als atemberaubend. Da gab es einmal einen Piraten von der afrikanischen Küste in Eyemouth, und der wollte in fünf Jahren mit einem Schiff voller Gold zurückkehren, um sie zu seiner Frau zu machen; und dann hat es dort auch noch einen fahrenden Ritter gegeben, und der habe ihr einen Ring mit den Worten geschenkt, er werde ihn einlösen, wenn die Zeit gekommen sei. Sie zeigte mir den Ring, der doch sehr denen glich, welche ich an meinem Bettvorhang hatte; doch sie sagte, dieser wäre aus reinem Gold. Ich fragte sie, was denn der Ritter tun würde, wenn er auf den afrikanischen Piraten träfe, und sie sagte mir, daß er ihm den Kopf von den Schultern schlagen würde. Was sie alle in ihr sahen, überstieg meine Vorstellungskraft. Und dann erzählte sie mir, daß sie auf ihrem Weg nach West Inch von einem verkleideten Prinzen verfolgt worden sei. Ich fragte sie, wie sie denn habe wissen können, daß es ein Prinz war, und sie antwortete – wegen seiner Verkleidung. An einem anderen Tag behauptete sie, daß ihr Vater an einem Rätsel arbeite und wenn er damit fertig sei, würde er es in die Zeitung setzen, und derjenige, welcher es errate, würde die Hälfte seines Besitzes erhalten und seine Tochter. Ich sagte, daß ich recht gut wäre im Rätselraten und daß sie es mir schicken solle, wenn es fertig sei. Sie antwortete, es würde in der Berwick Gazette erscheinen, und wollte wissen, was ich denn mit ihr anfangen würde, wenn ich sie gewonnen hätte. Ich sagte, ich würde sie in einer öffentlichen Versteigerung an den Höchstbietenden verkaufen; so erzählte sie an diesem Abend keine weitere Geschichte, denn sie war sehr empfindlich in solchen Dingen.

Jim Horscroft war nicht zu Hause, als Cousine Edie bei uns zu Besuch war, doch kehrte er in derselben Woche zurück, in der sie abreiste; und ich erinnere mich noch genau, wie überrascht ich war, warum jemand wie er Fragen über ein einfaches Mädchen stellen sollte oder überhaupt ein Interesse an ihr haben konnte. Er fragte mich, ob sie hübsch sei; und als ich antwortete, daß ich es nicht bemerkt hätte, da lachte er und nannte mich einen blinden Maulwurf und sagte, auch mir würden die Augen eines Tages noch geöffnet werden. Doch recht bald wechselte sein Interesse zu anderen Dingen, und ich verschwendete keinen weiteren Gedanken an Edie, bis zu dem Tag, an dem sie mein Leben in ihre Hände nahm und es herumwirbelte, so wie ich diesen Federkiel.

Das war im Jahre 1813, als ich die Schule bereits verlassen hatte, gerade achtzehn Jahre alt, mit gut vierzig Haaren auf der Oberlippe und in bester Hoffnung auf mehr. Ich hatte mich verändert, seit ich nicht mehr zur Schule ging und war nicht mehr so wild auf die Spiele von früher; stattdessen lag ich auf den sonnebeschienenen Hängen der Dünen, hielt Maulaffen feil und gaffte herum, genauso, wie Cousine Edie es immer getan hatte. Ich war es zufrieden gewesen, und es hatte mein Leben gänzlich ausgefüllt, daß ich schneller laufen und höher springen konnte als die anderen Burschen; doch nun schien dies alles so unbedeutend, und ich gähnte und gähnte und schaute hinauf zum allesumspannenden Himmelsbogen und hinunter, auf die flache, blaue See, und ich spürte ein Verlangen in mir, doch konnte ich nicht in Worte fassen, was es denn sein sollte. Und so wurde ich immer reizbarer, denn meine Nerven schienen blank zu liegen, und wenn meine Mutter mich fragte, was mich denn bedrücke, oder mein Vater mich dazu anhielt, mit Hand anzulegen bei der Arbeit, so brachen solch scharfe und bittere Antworten aus mir hervor, daß es mich seither oftmals bekümmert hat. Ach! Ein Mann mag mehr als eine Frau haben im Leben, mehr als ein Kind und mehr als einen Freund; aber er hat nur eine einzige Mutter, also möge er sie achten, solange er kann.

Als ich eines Tages von den Schafen kam, saß mein Vater da mit einem Brief in der Hand, was wirklich sehr selten vorkam, ausgenommen, wenn der Verwalter wegen der Pacht schrieb. Als ich dann näher an ihn herantrat, sah ich, daß er weinte, und ich stand einfach da und starrte ihn an, weil ich immer gedacht hatte, daß ein erwachsener Mann dies nicht könne. Ich sehe ihn jetzt noch vor mir, denn er hatte eine so tiefe Falte über seiner braunen Wange, daß keine Träne ihren Weg darüber fand, weshalb sie in einem Rinnsal daran entlang und hinunter zu seinem Ohr flossen, um dann auf das Blatt Papier zu tropfen. Meine Mutter saß neben ihm und streichelte seine Hände, wie sie es manchmal mit dem Rücken der Katze tat, wenn sie sie trösten wollte.

„Aye, Jennie“, sagte er, „der arme Willie ist von uns gegangen. Der Brief ist vom Anwalt und es kam wohl sehr plötzlich, sonst hätten’s früher schon mal ein Wort geschrieben. Ein Geschwür, schreibt er, und ‘n Blutsturz im Kopf.“

„Ach! Nun denn, so hat er nicht lange leiden müssen“, sagte meine Mutter.

Mein Vater trocknete sich mit dem Tischtuch sein Ohr.

„Er hat sein gesamtes Erspartes seinem Mädchen hinterlassen“, fuhr er fort, „und bei Gott, wenn sie sich seit damals nicht sehr geändert hat, dann wird sie’s schnell durchgebracht haben. Du erinnerst dich sicher noch, was sie über den schwachen Tee gesagt hat, hier unter unserm Dach, und das, wo das Pfund sieben Schilling kostet!“

Meine Mutter schüttelte den Kopf und schaute hinauf zu den geräucherten Schinken, welche unter der Decke hingen.

„Er gibt nicht an wieviel, aber, daß es genug sei, um davon leben zu können, schreibt er. Und daß sie erst mal zu uns kommen soll, weil das sein letzter Wille war“.

„Dafür hat ’se aber zu zahlen!“ rief meine Mutter spitz. Es tat mir sehr leid, daß sie in einem solchen Moment über Geld sprach, doch wäre sie in solchen Dingen nicht so konsequent gewesen, hätten wir wohl binnen zwölf Monaten auf der Straße gesessen.

„Aye, sie wird bezahlen, und sie kommt schon heute an. Jock, Junge, ich möchte, daß du nach Ayton fährst und dort auf die Abendkutsche wartest. Deine Cousine Edie wird drin sein und du kannst sie hierher nach West Inch bringen“.

Und so machte ich mich um Viertel nach fünf auf, mit Souter Johnnie, unserem langmähnigen Fünfzehnjährigen, und unserem Karren mit der frisch gestrichenen Ladeklappe, welchen wir sonst nur an ganz besonderen Tagen nutzten. Die Kutsche war da, als ich eintraf, und ich, einem einfältigen Landburschen gleich, keinen Gedanken darüber verschwendend, wie viele Jahre inzwischen vergangen waren, hielt Ausschau unter den Leuten vor dem Gasthaus, nach einem dürren Mädchen, deren Röcke gerade so übers Knie reichten. Und wie ich so herumschlenderte und meinen Hals reckte, spürte ich eine Berührung an meinem Ellbogen, und eine Dame stand direkt vor mir, ganz in schwarz gekleidet, und da wußte ich, daß es meine Cousine Edie war.

Ich wußte es, sage ich, und doch, hätte sie mich nicht berührt, so wäre ich vermutlich noch tausendmal an ihr vorübergegangen, ohne sie zu erkennen. Mein Wort drauf, hätte mich Jim Horsecroft in diesem Augenblick gefragt, ob sie hübsch sei oder nicht, so hätte ich gewußt, wie ihm zu antworten war! Sie war dunkler, viel dunkler, als es unter den Mädels hier im Grenzland alltäglich ist, und doch mit einem schwachen Hauch von Rosa, welches die Farbe ihrer zarten Haut durchbrach wie die tiefe Rötung im Herzen einer Sulphurrose[8]. Ihre Lippen waren rot und angenehm und kräftig; und trotzdem, auf den ersten Blick sah ich diesen Schimmer von Verschmitzheit und Spöttelei tief in ihren großen dunklen Augen tanzen. Sie nahm mich sofort in Beschlag, so, als gehörte ich zu ihrem Erbe, streckte ihre Hand aus und pflückte mich einfach. Sie war, wie ich bereits sagte, in schwarz gekleidet, in einer wie mir schien ganz wundervollen Weise, mit einem

8 sulphur rose: Gelbe Rose, mit einer aus ihrem Zentrum aufsteigenden zart rötlichen Färbung.

schwarzen Schleier, welchen sie zurückgeschlagen hatte.

„Ah! Jack“, sagte sie in geziertem Englisch, welches sie im Internat gelernt hatte. „Nein, nein, dafür sind wir doch nun zu alt“ – weil ich in meiner unbeholfenen Art mein dummes braunes Gesicht vorgestreckt hatte, um sie zu küssen, wie ich es damals getan hatte. „Beeil dich, sei ein guter Junge, und gib dem Schaffner, welcher während der Reise überaus zuvorkommend zu mir war, einen Schilling.“

Ich bekam rote Ohren, weil ich nur ein einziges silbernes Fourpenny-Stück in meiner Tasche hatte. Noch nie lag mein Mangel an Geld so schwer auf mir wie in diesem Moment. Doch sie las es wohl aus meinem Blick, und im nächsten Moment fand ich eine Geldbörse aus englischem Leder mit einer silbernen Schließe, in meiner Hand. Ich bezahlte den Mann und wollte sie ihr zurückgeben, doch sie drängte mich, sie noch zu behalten.

„Du sollst mein Verwalter sein, Jack“, sagte sie lachend. „Ist dies unser Wagen? Wie lustig er aussieht! Und wo soll ich sitzen?“

„Auf dem Leinensack“, antwortete ich.

„Und wie komme ich da hin?“

„Setz deinen Fuß auf die Radnabe“, sagte ich. „Ich werde dir helfen!“

Ich sprang hinauf und nahm ihre zwei kleinen, behandschuhten Hände in die meinen. Wie sie so über die Bordwand stieg, traf ihr Atem mein Gesicht, süß und warm, und all meine Ungewißheit und Ruhelosigkeit schien im selben Moment wie fortgerissen von meiner Seele. Ich fühlte mich, als ob dieser Augenblick etwas von mir genommen hätte und ich von nun an erwachsen war. Es dauerte nicht länger als das Schlagen eines Pferdeschwanzes, und dennoch war etwas geschehen, irgendwo in mir war eine Mauer gefallen, und ich führte nun ein weitreichenderes und weiseres Leben. Ich wurde von dem Gefühl völlig überwältigt, doch schüchtern und zurückhaltend wie ich war, konnte ich nichts weiter tun, als den Leinensack für sie glattzustreichen. Edies Augen folgten der Kutsche, welche sich ratternd wieder auf den Weg nach Berwick gemacht hatte, und plötzlich schwenkte sie ihr Taschentuch durch die Luft.

„Er hat seinen Hut gezogen“, sagte sie. „Ich glaube, er muß ein Offizier gewesen sein. Er sah ausgezeichnet aus. Vielleicht hast du ihn bemerkt – ein Gentleman an der Außenseite, sehr stattlich, in einem braunen Übermantel.“

Ich schüttelte den Kopf, während all meine freudige Erregung sich in einfältigen Groll verwandelte.

„Ach! Nun, ich werde ihn wohl nie wieder sehen. Die grünen Hügel und die braunen kurvenreichen Straßen hier haben sich ja überhaupt nicht verändert. Und du, Jack, an dir sehe ich auch keine große Veränderung. Ich hoffe, daß wenigstens deine Manieren jetzt besser sind, als sie einmal waren. Du wirst doch nicht wieder versuchen, mir Frösche in den Nacken zu stecken, nicht wahr?“

Ein Schauer überkam mich, als ich daran dachte.

„Wir werden alles tun, damit du auf West Inch glücklich wirst“, antwortete ich und spielte dabei mit der Peitsche.

„Da bin ich ganz sicher, und es ist sehr freundlich von euch, ein armes, einsames Mädchen aufzunehmen“, sagte sie.

„Es ist sehr freundlich von dir, zu uns zu kommen, Cousine Edie,“ stammelte ich. „Du wirst es sehr langweilig finden, fürchte ich.“

„Ich vermute mal, es ist ein wenig still, Jack, eh? Nicht viele Männer, wenn ich mich recht entsinne.“

„Da gibt’s den Major Elliott, oben in Corriemuir. Er kommt manchmal abends zu uns runter – ein wirklich braver alter Soldat, der unter Wellington ‘ne Kugel ins Knie bekam.“

„Ach Jack, ich spreche von Männern. Ich meine keine alten Leute mit Kugeln in den Knien. Ich meine Leute in unserem Alter, mit denen wir uns anfreunden können. Übrigens, dieser griesgrämige alte Doktor, der hatte doch einen Sohn, oder?“

„Oh ja, Jim Horscroft, mein bester Freund.“

„Ist er zu Hause?“

„Nein. Er wird aber bald nach Hause kommen. Im Moment studiert er in Edinburgh.“

„Ah, dann werden wir beide uns Gesellschaft leisten, bis er kommt, Jack. Und nun bin ich sehr müde und wünschte, wir wären schon auf West Inch.“

So ließ ich denn den alten Souter Johnnie dahinfliegen, wie er es weder jemals zuvor noch später getan hat, und nach einer Stunde saßen wir am Abendbrottisch, auf den meine Mutter nicht nur Butter gestellt hatte, sondern auch ein Glasschälchen mit Stachelbeermarmelade, das im Kerzenlicht funkelte und besonders schön aussah. Ich konnte sehen, daß meine Eltern von Edies Veränderung ebenso überwältigt waren wie ich, doch auf eine andere Weise. Meine Mutter war so entrückt von dem Federding, das sie um den Hals trug, daß sie sie Miss Calder nannte statt Edie, bis meine Cousine, in ihrer entzückenden Unbeschwertheit, ihr jedes Mal mit dem Zeigefinger drohte, wenn sie es wieder tat. Nach dem Abendbrot, als sie zu Bett gegangen war, konnten sie über nichts anderes reden als über ihr Aussehen und ihre gute Erziehung.

„Übrigens“, sagte mein Vater, „der Tod meines Bruders scheint ihr nicht sonderlich zu Herzen gegangen zu sein.“

Und da fiel mir zum ersten Mal auf, daß sie, seit ich sie wiedergetroffen hatte, noch nicht ein Wort darüber hatte verlauten lassen.

3. Der Schatten auf dem Wasser

Es brauchte nicht lange, bis Cousine Edie die Königin von West Inch war und wir alle ihre ergebenen Untertanen, angefangen bei meinem Vater. Sie hatte Geld und sparte nicht damit, doch keiner von uns wußte, wieviel. Als meine Mutter ihr sagte, daß ihr Unterhalt pro Woche vier Schilling betragen würde, legte sie den Betrag freiwillig auf sieben Schilling und einen Sixpence fest. Das Südzimmer, welches das sonnigste war und um dessen rundes Fenster sich Geißblatt rankte, wurde ihres; und es war fabelhaft mit anzusehen, welche Dinge sie aus Berwick mitbrachte, um es einzurichten. Zweimal in der Woche fuhr sie hinüber und unser Karren war ihr nicht gut genug, so daß sie sich einen Einspänner von Angus Whitehead lieh, dessen Farm über dem Hügel lag. Und nur selten fuhr sie fort, ohne etwas für den einen oder anderen von uns mitzubringen. Einmal war es eine Holzpfeife für meinen Vater, dann ein Schal aus Shetlandwolle für meine Mutter oder ein Buch für mich oder ein Messinghalsband für Rob, unseren Collie. Es gab wohl keine großzügigere Frau als sie.

Doch das Beste, was sie uns schenkte, das war ihre Gegenwart. Für mich veränderte sich die gesamte Landschaft, denn die Sonne strahlte heller, die Hügel waren grüner und die Luft süßer mit dem Tag, als sie ankam. Unser Leben war nicht mehr länger alltäglich, nun, da wir es mit jemandem wie ihr verbrachten, und das alte düstere graue Haus war aus meiner Sicht ein ganz anderes geworden, seit sie ihren Fuß auf seine Türschwelle gesetzt hatte. Es war nicht ihr Gesicht, obwohl es sehr reizend war, noch war es ihre Gestalt, wenngleich ich nie ein Mädchen traf, welches ihr ebenbürtig gewesen wäre; es war ihr Geist, ihre seltsame spöttische Art, ihre frische, moderne Weise zu sprechen, die beeindruckenden Bewegungen ihres Kleides und das Zurückwerfen des Kopfes, was uns das Gefühl gab, der Boden unter ihren Füßen zu sein, und dann eine rasche Aufmunterung in ihrem Blick und ein freundliches Wort, welches uns zurückbrachte auf ihre Ebene.

Aber niemals ganz auf ihre Ebene. Für mich war sie immer etwas darüber und jenseits. Ich mochte mich noch so sehr bemühen oder rügen und tun, was ich nur wollte, doch ich konnte nicht glauben, daß das gleiche Blut durch unsere Adern rann und sie einfach nur ein Landmädel war wie ich einfach nur ein Landbursche. Je mehr ich sie liebte, desto mehr fürchtete ich mich vor ihr, und sie bemerkte die Furcht, lange bevor sie die Liebe erkannte. Ich fühlte mich unwohl, wenn ich nicht bei ihr war, und doch, wenn ich dann mit ihr zusammen war, so war ich die ganze Zeit unsicher, weil ich fürchtete, mein Gestammel könne sie ermüden oder ihr gar ein Ärgernis sein. Hätte ich mehr vom Wesen der Frauen gewußt, so hätte ich mich weniger quälen brauchen.

„Du hast dich sehr gegenüber damals verändert, Jack“, sagte sie, während sie mich dabei unter ihren dunklen Wimpern hervor von der Seite ansah.

„Das sagtest du bereits bei unserem Wiedersehen“, antwortete ich.

„Ah ja! Damals sprach ich von deinem Aussehen und nun von deinem Wesen. Früher warst du so hart zu mir und gebieterisch und gingst deinen eigenen Weg wie ein kleiner Mann. Ich sehe dich noch vor mir, mit deinem wirren braunen Harr, und deinem lausbübischen Blick. Und nun bist du so freundlich und still und gewinnend.“

„Man lernt halt, sich zu benehmen“, sagte ich.

„Ach, aber Jack, ich mochte dich viel lieber so wie du warst!“

Nun, als sie das sagte, starrte ich sie entsetzt an, denn ich hatte angenommen, daß sie mir die Art, wie ich mich betragen hatte, nie ganz hatte verzeihen können. Daß irgendjemand, außerhalb eines Irrenhauses, daran hatte Gefallen finden können, das überstieg bei weitem meinen Verstand. Ich dachte daran, wie ich, als sie einmal lesend vor der Tür saß, mit meiner Zwille aus Haselrute hinauf zum Moor gegangen war, um dort kleine Lehmkugeln zu formen, welche ich dann auf sie abfeuerte, bis sie anfing zu weinen. Und ich erinnerte mich, wie ich einen Aal im Corriemuir Bach fing und damit hinter ihr herjagte, bis sie schließlich schreiend unter die Schürze meiner Mutter flüchtete, halb wahnsinnig vor Angst, und mein Vater mir eines mit dem Kochlöffel hinter die Ohren gab, daß es mich mitsamt meinem Aal unter die Küchenanrichte beförderte. Und dies waren die Dinge, die sie vermißte. Nun, sie mußte sie auch weiterhin vermissen, denn meine Hand würde eher verdorren, als daß ich diese Dinge nochmals tun würde. Aber zum ersten Mal begann ich die Eigenarten im Wesen einer Frau zu verstehen und daß man über sie nicht zu urteilen hatte, sondern sie nur beobachten und versuchen konnte, daraus zu lernen.

Nach einiger Zeit hatten wir eine gemeinsame Ebene gefunden, denn sie hatte erkannt, daß sie aufs Geradewohl tun konnte was und wie sie es wollte und ich dabei nach ihrer Pfeife tanzte, so wie unser Collie Rob nach meiner. Ihr werdet nun denken, daß ich ein

Dummkopf war, mir den Kopf so verdrehen zu lassen, und vielleicht war ich das wirklich; aber ich gebe zu bedenken, wie wenig Erfahrungen ich mit Frauen hatte und wieviel Zeit wir doch miteinander verbrachten. Außerdem war sie die eine Frau unter Millionen, und ich kann Euch sagen, daß es schon einen ganz besonders starken Kopf gebraucht hätte, um ihn sich nicht von ihr verdrehen zu lassen.

Nehmen wir zum Beispiel Major Elliott, einen Mann, der drei Ehefrauen zu Grabe getragen und der zwölf Schlachten überlebt hatte; Edie hätte ihn wie einen nassen Lappen um ihren Finger wickeln können – sie, die sie gerade erst das Internat verlassen hatte. Ich traf ihn, wie er das erste Mal, seit sie bei uns lebte, von West Inch hinaufgehumpelt kam, mit geröteten Wangen und einem Glanz in seinen Augen, welcher Ihn glatt zehn Jahren jünger erscheinen ließ. Er hatte die beiden Enden seines grauen Schnurrbartes bis zu den Augen hinauf gezwirbelt und schritt mit seinem gesunden Bein aus, als wäre er ein Dudelsackpfeifer. Gott weiß, was sie zu ihm gesagt hatte, doch wirkte es wie ein guter alter Wein in seinen Adern.

„Ich hatte mich aufgemacht, um dich zu sehn, Jungchen“, sagte er, „doch nun muß ich wieder nach Hause. Allerdings war mein Besuch nicht umsonst, da ich die Gelegenheit hatte, la belle Cousine kennenzulernen. Eine sehr charmante und einnehmende junge Dame, Jungchen.“

Er hatte eine förmliche, steife Art zu sprechen und ließ dabei gerne ein paar Brocken Französisch mit einfließen, welche er wohl in Spanien, im Krieg gegen die Franzosen, aufgeschnappt hatte. Er hätte sicher noch weiter von Cousine Edie gesprochen, doch ich sah die Ecke einer Zeitung aus seiner Rocktasche herausschauen und da wußte ich, daß er gekommen war, wie er es so oft tat, um mir ein paar Neuigkeiten zu überbringen, von denen wir auf West Inch viel zu wenig mitbekamen.

„Was gibt's Neues, Major?", fragte ich. Mit einer schwungvollen Bewegung holte er die Zeitung hervor.

„Die Alliierten haben die große Schlacht gewonnen", antwortete er. „Ich glaube nicht, daß Nappi denen noch lange standhalten kann. Die Sachsen haben ihn im Stich gelassen und er wurde bei Leipzig[9] schwer geschlagen. Wellington steht bereits hinter den Pyrenäen und Grahams[10] Leute werden in Kürze Bayonne erreichen."

Ich warf meinen Hut in die Luft.

„Dann wird der Krieg nun bald ein Ende haben", rief ich.

„Aye, und es wird auch Zeit", antwortete er und schüttelte dabei ernst den Kopf. „Es ist ein blutiges Geschäft. Aber es ist jetzt wohl nicht mehr notwendig, darüber zu sprechen, was ich mir für dich überlegt hatte."

„Was war es denn?"

„Nun, Jungchen, das Rumsitzen hier tut dir nicht gut, und jetzt, wo mein Knie sich wieder etwas besser beugen läßt, hoffte ich darauf, vielleicht wieder in den aktiven Dienst einzutreten. So fragte ich mich also, ob du nicht vielleicht Lust hättest, unter meiner Obhut ein wenig das Soldatenleben kennenzulernen."

Mein Herz tat einen Sprung bei diesem Gedanken.

„Aye, natürlich hätte ich!" rief ich.

---

9 Völkerschlacht bei Leipzig, Oktober 1813.

10 General Thomas Graham , 1st Baron Lynedoch, befehligte im spanischen Befreiungskrieg den linken Flügel der britischen Armee bei der Überquerung des Bidasoa, welcher Spanien und Frankreich trennt, und eroberte mit seinen Truppen, nach schweren Gefechten, französischen Boden.

„Aber es wird wohl noch wenigstens sechs Monate dauern, bis ich wieder fit genug bin, die Überprüfung zu bestehen und es ist gut möglich, daß Boney bis dahin bereits hinter Schloß und Riegel sitzt."

„Und dann meine Mutter", sagte ich, „Ich habe Zweifel, ob sie mich gehn läßt."

„Ach, bis dahin braucht sie vermutlich gar nicht mehr gefragt werden", antwortete er und setzte seinen Weg humpelnd fort.

Ich hockte mich ins Heidekraut, mein Kinn in die Hand gestützt, ließ mir das Gesagte noch einmal durch den Kopf gehen und beobachtete ihn, wie er in seinem alten braunen Anzug, das Ende seines grauen Plaids über der Schulter flatternd, seinen Weg den Hügel hinauf suchte. Es waren armselige Aussichten, die ich vor mir hatte, auf West Inch darauf zu warten, in die Fußstapfen meines Vaters zu treten, mit derselben Heide, demselben Fluß, denselben Schafen und demselben grauen Haus, für alle Zeiten. Doch dort drüben, auf der anderen Seite des blauen Meeres, ach, da gab es ein Leben, gerade recht für einen Mann. Da war der Major, ein Mann jenseits seiner besten Jahre, verwundet und verbraucht, der jetzt plante, seine Arbeit wieder aufzunehmen, während ich, mit all der Kraft meiner Jugend, diese hier in den Hügeln verschwendete. Eine heiße Woge der Scham überflutete mich und mit einem Kribbeln am ganzen Körper sprang ich auf, bereit, mich aufzumachen und die Rolle eines Mannes in dieser Welt zu spielen.

Zwei Tage lang überdachte ich alles hin und her, und dann, am dritten geschah etwas, das mich zunächst in meiner Entschlossenheit bestärkte und dann aber alles fortblies wie ein Rauchwölkchen im Wind.

Ich war am Nachmittag mit Cousine Edie und Rob hinausgeschlendert, bis wir uns auf der Kuppe des

Hügels wiederfanden, welcher bis hinunter zum Strand ausläuft. Es war spät im Herbst und die Gräser waren bereits braun und verblaßt; doch die Sonne schien immer noch warm und eine südliche Brise kam in kurzen, heißen Schüben, die auf dem weiten blauen Meer kleine Wellen mit gekräuselten weißen Linien erzeugten. Ich riß einen Armvoll Heidekraut aus und bereitete Edie damit ein Lager, und da lag sie dann, in der für sie so typisch gelassenen Art und Weise, glücklich und zufrieden; denn, von allen Menschen, denen ich je begegnet bin, hatte sie die größte Freude an Wärme und Licht. Ich lehnte an einem großen Grasbüschel, mit Robs Kopf auf meinen Knien, und wie wir so dasaßen, allein in der friedlichen Wildnis, selbst da sahen wir plötzlich vor uns auf dem Wasser den Schatten des großen Mannes am Horizont aufziehen, welcher seinen Namen in roten Buchstaben quer über die Landkarte Europas gekritzelt hatte.

Da kam ein Schiff mit dem Wind heran, ein schwarzes, behäbiges Handelsschiff, vielleicht auf dem Weg nach Leith oder ebensogut auch nicht. Seine Rahen waren gebraßt[11] und es lief unter vollen Segeln. Auf entgegengesetztem Kurs, von Nordosten her, kamen zwei große häßliche Lugger[12], ähnliche Schiffe, beide mit nur einem hohen Mast und einem großen quadratischen braunen Segel. Einen hübscheren Anblick konnte man sich nicht wünschen, als die drei Schiffe an solch einem schönen Tag dahinsegeln zu sehen. Aber plötzlich kam ein Flammenstrahl und ein Wirbel aus blauem Rauch von einem der Lugger, dann das gleiche von dem zweiten, und dann ein Rap-Rap-Rap von dem Handelsschiff. Mit einem Schlag wurde aus dem Himmel die Hölle,

11 anbrassen: die Rahen (Segel tragender Bestandteil der Takelage eines Segelschiffes) in Längsrichtung bringen.

12 Lugger, auch Logger: Historischer Schiffstyp des 18. Jahrhunderts.

und auf dem Wasser herrschten Haß und Grausamkeit und die Gier nach Blut. Dieser Ausbruch von Gewalt hatte uns aufspringen lassen und Edie legte, am ganzen Körper zitternd, ihre Hand auf meinen Arm.

„Sie kämpfen, Jack!“, schrie sie. „Was sind das für Schiffe? Wer sind diese Seeleute?“

Mein Herz dröhnte gleich den Kanonen, und bei dem Versuch, zu Atem zu kommen, fiel es mir schwer, ihr zu antworten.

„Es sind zwei französische Kaperschiffe, Edie“, keuchte ich. „Chasse-marries nennt man sie, und das da drüben ist eins unserer Handelsschiffe, und sie werden es todsicher kriegen; denn der Major sagt, die haben immer schwere Geschütze dabei und sind so vollgestopft mit Seeleuten wie ein Ei mit einem Küken. Warum kehrt der Narr nicht um, in den Schutz von Tweedmouth?“

Aber nicht einen Inch an Segel holte der Handelssegler ein, hielt stattdessen stur seinen Kurs, während eine kleine schwarze Kugel aus dem Vorschiff schoß und unsere gute alte Flagge plötzlich am Fall[13] flatterte. Dann hörte man wieder das Rap-Rap-Rap seiner kleinen Kanonen und das Bum-Bum der großen Karronaden aus dem Bug der Lugger. Nur einen Augenblick später trafen die drei Schiffe aufeinander und der Handelssegler schwankte vorwärts wie ein Hirsch, an dessen Hinterläufen zwei Wölfe hängen. Die drei Schiffe wurden zu einem dunklen Fleck inmitten des Qualmes, aus welchem die Mastspitzen wie Borsten herausstachen, und aus dem Herzen der Wolke kamen die schnellen roten Flammenblitze und solch ein Höllenlärm von großen und kleinen Kanonen, Jubel und Geschrei, daß ich den Lärm noch viele Wochen in den Ohren hatte.

13 Fall, Tau zum Aufziehen und Herablassen eines Segels.

Eine ganze Stunde lang, zog diese Höllenwolke langsam über die Wasseroberfläche, und immer noch, mit einem Herzschlag, den wir bis in unsere Kehlen spürten, beobachteten wir das Flattern der Flagge und schauten uns die Augen aus, um zu sehen, ob sie noch dort war. Und dann, ganz plötzlich, schoß der Handelssegler, so stolz und schwarz und aufrecht wie zuvor, auf seinem alten Kurs dahin; und als der Qualm aufklarte, sahen wir einen der Lugger wie eine Ente mit gebrochenem Flügel auf dem Wasser hocken, und der andere arbeitete hart, um die Mannschaft von Bord zu bekommen, bevor er sank.

Während dieser ganzen Stunde hatte ich für nichts anderes gelebt als für den Kampf. Meine Mütze wurde vom Wind fortgetragen, aber ich hatte nicht einmal einen Gedanken daran verschwendet. Nun, mit vollem Herzen, wendete ich mich meiner Cousine Edie zu und ihr Anblick versetzte mich sechs Jahre zurück. Da waren wieder dieser leere, starre Blick und die halb geöffneten Lippen, grad so, wie ich es in ihrer Kindheit erlebt hatte, und ihre kleinen Hände waren so geballt, daß die Fingerknöchel wie Elfenbein schimmerten.

„Ach, dieser Kapitän!“ sagte sie, zur Heide und zu den Stechginsterbüschen sprechend. „Das ist ein Mann, so stark, so unbeugsam! Welche Frau wäre nicht stolz auf solch einen Mann?“

„Aye, das hat er gut gemacht!“ Ich rief es voller Begeisterung.

Sie schaute mich an, als habe sie meine Gegenwart vollkommen vergessen.

„Ich würde ein Jahr meines Lebens dafür geben, einmal einem solchen Mann zu begegnen“, sagte sie. „Aber so ist das Leben auf dem Lande. Man trifft eben nur diejenigen, welche zu nichts Besserem zu gebrauchen sind.“

Ich glaube nicht, daß sie mich bewußt verletzen wollte, auch wenn sie darin niemals besonders rücksichtsvoll war; doch was auch immer ihre Absicht war, ihre Worte trafen einen blanken Nerv bei mir.

„Nun gut, Cousine Edie“, sagte ich und versuchte dabei ruhig zu sprechen, „das bringt die Entscheidung. Heute abend melde ich mich in Berwick zum Militärdienst.“

„Was, Jack, du willst Soldat werden?“

„Ja, wenn du der Meinung bist, daß jeder Mann, der auf dem Lande verweilt, ein Angsthase ist.“

„Oh, du würdest so stattlich aussehen in einem roten Rock, Jack, und es steht dir gut, wenn du wütend bist. Ich wünschte, deine Augen würden immer so blitzen, denn es sieht so hübsch aus und männlich. Aber ich bin sicher, daß du nur einen Spaß machst, mit dem Soldat werden.“

„Du wirst schon sehn, ob ich spaße.“

Sofort machte ich mich auf und rannte zurück über das Moor, bis ich in die Küche stürzte, wo meine Eltern zu beiden Seiten des Herdofens saßen.

„Mutter“, rief ich, „ich geh’ und werd’ Soldat!“

Hätte ich gesagt, daß ich fortgehe, um ein Dieb zu werden, so hätte sie nicht betroffener dreinschauen können, denn in jenen Tagen waren es unter der anständigen umsichtigen Landbevölkerung meistens die schwarzen Schafe, welche vom Sergeant gehütet wurden. Aber, bei meinem Wort, genau diese schwarzen Schafe erwiesen ihrem Land auch manch guten Dienst. Meine Mutter nahm ihre zu Fäusten geballten Hände vor die Augen und mein Vater schaute so finster drein wie ein Torfloch.

„Verdammt, Jock, du bist närrisch“, sagte er.

„Närrisch oder nicht, ich gehe.“

„Du wirst meinen Segen dazu nicht bekommen.“

„Dann werd' ich ohne gehn."

Da schrie meine Mutter auf und warf ihre Arme um meinen Hals. Ich sah ihre Hände, hart, verbraucht und knotig von der Arbeit, die sie getan hatte, um mich großzuziehen, und diese flehten mich an, mehr als Worte es je hätten tun können. Um ihretwillen wurde mein Herz weich, doch mein Wille bleib hart wie ein Stein. Mit einem Kuß drückte ich sie zurück auf ihren Stuhl und rannte dann in mein Zimmer, um meine Sachen zu packen. Es begann bereits dunkel zu werden und ich hatte einen langen Marsch vor mir, so daß ich nur ein paar Dinge zusammenraffte und hinaushastete. Als ich zur Hintertür kam, berührte jemand meine Schulter, und da stand Edie in der Abenddämmerung.

„Dummer Junge", sagte sie, „du gehst nicht wirklich."

„Tue ich nicht? Du wirst ja sehen."

„Aber weder dein Vater noch deine Mutter möchten, daß du gehst."

„Das weiß ich."

„Warum dann gehen?"

„Du solltest es wissen."

„Warum nur?"

„Weil du mich dazu drängst."

„Ich möchte nicht, daß du gehst, Jack."

„Doch du sagtest es. Du sagtest, daß die Leute vom Lande zu nichts Besserem zu gebrauchen sind. Du redest immer so. Du denkst von mir nicht anders als von den Tauben im Stall. Du denkst, ich sei ein Niemand. Ich werde dir das Gegenteil beweisen."

All mein Ärger sprudelte förmlich in wütenden Worten heraus. Sie errötete, während ich sprach, und schaute mich auf ihre halb spöttische, halb zärtliche Weise an.

„Oh, so wenig halte ich also von dir?“ sagte sie. „Und das ist der Grund, weshalb du fortgehen willst? Nun denn, Jack, wirst du bleiben, wenn ich – wenn ich nett zu dir bin?“

Wir standen ganz nah beieinander, von Angesicht zu Angesicht, und im nächsten Moment war es geschehen. Meine Arme umschlossen sie und ich küßte und küßte und küßte sie, auf ihren Mund, ihre Wangen, ihre Augen, und preßte sie an mein Herz, und raunte ihr ins Ohr, daß sie alles, alles, für mich sei, und daß ich ohne sie nicht mehr sein könne. Sie sagte nichts, doch es dauerte recht lang, bevor sie ihr Gesicht von mir abwandte, und als sie mich dann von sich schob, geschah dies nicht sehr heftig.

„Ach, du bist doch ganz der alte, unerzogen und unverschämt!“ sagte sie und richtete sich mit beiden Händen ihre Haare. „Du hast mich ganz schön geschüttelt, Jack; ich hatte ja keine Ahnung, daß du so rangehen kannst!“

Aber all meine Furcht vor ihr war verschwunden, und eine Liebe, zehnfach heißer als je zuvor, kochte in meinen Adern. Ich zog sie wieder an mich und küßte sie, als wäre es mein gutes Recht.

„Du gehörst nun mir!“ rief ich. „Ich werde nicht nach Berwick gehen, sondern hierbleiben und dich heiraten.“

Doch sie lachte, als ich vom Heiraten sprach.

„Dummer Junge! Dummer Junge!“ sagte sie und drohte mit dem Zeigefinger; und dann, als ich versuchte, sie nochmals in den Arm zu nehmen, machte sie einen zierlichen Knicks und war im Haus verschwunden.

4. Jim wird auserwählt

Und dann kamen diese zehn Wochen, die wie ein Traum waren und es auch immer noch sind, wenn man darauf zurückschaut. Ich würde Euch langweilen, würde ich alles erzählen wollen, was sich zwischen uns zugetragen hat; aber oh, wie ernst und schicksalsträchtig und überaus wichtig waren diese Ereignisse zu der Zeit! Ihr Eigensinn, ihre sich ständig wandelnde Stimmung, einmal strahlend, dann wieder düster wie eine Wiese unter dahinziehenden Wolken; ihr grundloser Ärger; ihre plötzliche Reue; all das erfüllte mich im Wechsel mit Freude oder Schmerz: das war mein Leben, und der Rest war bloße Leere. Doch irgendwo, tief unter meinen anderen Gefühlen, lauerte eine vage Unruhe, eine Angst, daß ich einem Mann glich, der nach den Sternen greift, und daß die wirkliche Edie Calder, wie nah sie auch immer zu sein schien, in Wahrheit für mich doch immer unerreichbar bleiben würde.

Denn sie war schwer zu begreifen, oder zumindest war sie es für einen wenig geistreichen Bauernburschen wie mich. Wenn ich zu ihr über meine guten Perspektiven sprach und wie man mit der Übernahme von ganz Corriemuir gut hundert Pfund über der zusätzlichen Pacht verdienen mochte und man damit dann vielleicht in der Lage war, das Gästezimmer auf West Inch auszubauen, damit sie es schön hätte, wenn wir heirateten, dann bekam sie einen Schmollmund und ihr Blick senkte sich, so als fehle ihr die Geduld, mir zuzuhören.

Aber wenn ich sie Traumschlösser bauen ließ, darüber, was aus mir werden könnte, wenn ich möglicherweise ein Dokument fände, welches mich als den rechtmäßigen Erben des Gutsherren auswiese, oder wie ich, ohne in der Armee gewesen zu sein, denn davon wollte sie nichts mehr hören, mich bemühte, ein berühmter Kämpfer zu werden, bis mein Name in aller Munde sei, dann war sie so heiter wie der Mai. Ich machte dieses Spiel mit, so gut ich konnte, aber alsbald zeigte ein unglückliches Wort, daß ich doch nur der einfache Jock Calder von West Inch war, und mit vorgeschobener Lippe schmollte sie wieder mit mir. So bewegten wir uns dahin, sie in den Lüften und ich am Boden; und wenn der Bruch nicht auf die eine Art kam, dann mußte es eine andere sein.

Es war nach Weihnachten, aber der Winter hatte sich mild gezeigt, mit gerade genug Frost, damit man sicher über die Torfmoore gehen konnte. An einem frischen Morgen hatte Edie bereits zeitig das Haus verlassen und kam zum Frühstück mit roten Wangen zurück.

„Ist dein Freund, der Sohn des Doktors, nach Hause gekommen, Jack?“ fragte sie.

„Ich habe gehört, daß man ihn erwartet.“

„Ah! Dann muß er es gewesen sein, den ich im Moor getroffen habe.“

„Was, du hast Jim Horscroft getroffen?“

„Ich bin mir sicher, daß er es gewesen ist. Ein großartig aussehender Mann – ein Held, mit lockigem, schwarzem Haar, einer kurzen, geraden Nase und grauen Augen. Er hatte Schultern wie eine Statue und die Größe, na ja, ich vermute, du, Jack, reichst ihm bist zu seiner Krawattennadel.“

„Bis zu seinen Ohren, Edie!“ sagte ich entrüstet. „Das heißt, wenn es Jim war. Aber sag mir, hatte er eine braune, hölzerne Pfeife in seinem Mundwinkel stecken?“

„Ja, er hat geraucht. Er war in grau gekleidet, und er hat eine großartige, tiefe, kräftige Stimme.“

„Ho, ho! Du hast mit ihm gesprochen!“ sagte ich.

Sie errötete leicht, so als ob sie mehr gesagt hätte als beabsichtigt.

„Ich bin dort gegangen, wo der Boden etwas weich war, und er warnte mich davor“, antwortete sie.

„Doch, es muß der gute alte Jim gewesen sein“, sagte ich. „Er hätte schon längst ein Doktor sein können, wenn sein Hirn so stark wäre wie seine Arme. Ach, schau an, hier ist er schon, höchstpersönlich.“

Ich hatte ihn durch das Küchenfenster gesehen, und schon rannte ich hinaus, mit meinem angebissenem Stück Gerstenkuchen in der Hand, um ihn zu begrüßen. Er rannte ebenfalls los, mit ausgebreiteten Armen und strahlenden Augen.

„Ach Jock“, rief er, „es ist schön dich wiederzusehen. Die alten Freunde sind doch die besten.“

Dann stockte er plötzlich mitten im Satz und starrte mit offenem Mund über meine Schulter. Ich wendete mich um, und da stand Edie mit einem fröhlichen, spitzbübischen Lächeln in der Tür. Wie stolz ich auf sie war, und auf mich, als ich sie sah.

„Jim, das ist meine Cousine, Miss Edie Calder“, sagte ich.

„Machen Sie oft Spaziergänge vor dem Frühstück, Mr. Horscroft?“ fragte sie, immer noch mit diesem spitzbübischen Lächeln.

„Ja“, antwortete er und starrte sie dabei an.

„Ich ebenfalls, und meistens dort drüben entlang“, sagte sie. „Aber, du bist deinem Freund gegenüber nicht sehr gastfreundlich, Jack. Wenn du ihm nicht die Ehre erweist, so werde ich es an deiner Statt tun müssen, um den Ruf von West Inch zu retten."

Nun, in der nächsten Minute waren wir auch schon bei meinen Eltern in der Küche, und Jim hatte einen Teller mit Porridge[14] vor sich stehen; doch sprach er beinahe kein einziges Wort, sondern saß da, mit seinem Löffel in der Hand, und starrte auf Cousine Edie. Sie warf ihm die ganze Zeit kurze funkelnde Blicke zu, und es schien mir, daß sie sich über seine Schüchternheit amüsierte und daß sie versuchte, mit dem was sie sagte, ihm Mut zu machen.

„Jack hat mir erzählt, daß Sie Medizin studieren", sagte sie. „Aber oh, wie schwer muß es sein und wieviel Zeit braucht es wohl, bis man sich so viel Wissen angeeignet hat."

„Es nimmt mich schon lange genug in Anspruch", antwortet Jim kläglich, „aber ich werd's schon schaffen."

„Ach, Sie sind so tapfer. Sie sind entschlossen. Sie richten Ihr Augenmerk auf einen Punkt und marschieren zielstrebig darauf los, und nichts kann Sie aufhalten."

„In der Tat habe ich eher wenig zu bieten", sagte er. „So mancher, der mit mir begann, hat bereits seit Jahren seine Praxis, und ich bin noch immer Student."

„Das ist Ihre Bescheidenheit, Mr. Horscroft. Man sagt, daß die Tapferen immer am bescheidensten sind. Aber wenn Sie es am Ende dann geschafft haben, was für eine glorreiche Karriere – die Kraft des Heilens in den Händen zu tragen, die Leidenden aufzurichten, mit dem Wohl der Menschheit als alleinigem Zweck."

14 Porridge: Haferbrei.

Der ehrliche Jim rutschte bei diesen Worten unruhig auf seinem Stuhl hin und her.

„Ich befürchte, ich besitze diese sehr ehrbaren Motive leider nicht, Miss Calder“, sagte er. „Es ist, um meinen Lebensunterhalt zu verdienen und um das Geschäft meines Vaters zu übernehmen, dafür mache ich es. Wenn ich also in der einen Hand die Kraft des Heilens habe, so habe ich die andere, um ein Kronen-Stück dafür zu nehmen.“

„Wie aufrichtig und ehrlich Sie sind“, rief sie; und so machte sie weiter, sie überzog ihn mit nur jeder erdenklichen Tugend und verdrehte seine Worte zu seinen Gunsten in einer Weise, die mir ach so gut bekannt war. Noch bevor sie mit ihm fertig war konnte ich sehen, wie ihm bereits der Kopf von all ihrer Schönheit und ihren freundlichen Worten schwirrte. Ein Schauer des Stolzes überkam mich bei dem Gedanken, daß er so angetan war von jemandem aus meiner Verwandtschaft.

„Ist sie nicht großartig, Jim?“ konnte ich nicht umhin zu fragen, als wir draußen vor der Tür standen und er seine Pfeife anzündete, bevor er sich auf den Heimweg machte.

„Großartig?“, rief er aus; „ich habe so etwas noch nie gesehen!“

„Wir werden heiraten“, sagte ich.

Die Pfeife fiel ihm aus dem Mund, und er stand da und starrte mich an. Dann hob er sie auf und ging davon, ohne ein weiteres Wort. Ich dachte, daß er wahrscheinlich noch einmal zurückkommen würde, doch das tat er nicht; und ich sah ihn weit draußen, oben auf dem Hügel sitzen, mit hängendem Kopf.

Doch ich sollte ihn nicht vergessen, denn Cousine Edie hatte Hunderte von Fragen an mich, über seine Kindheit, seine Stärke, über andere Frauen, die er möglicherweise kannte; ihr Wissensdurst war kaum zu befriedigen. Und dann, später am Tag, hörte ich noch einmal von ihm, allerdings in einem weit weniger angenehmen Zusammenhang.

Es war mein Vater, welcher am Abend sehr erregt mit den neuesten Nachrichten über den armen Jim nach Hause kam. Seit Mittag hatte er fürchterlich getrunken, war dann hinunter nach Westhouse Link gegangen, um sich mit dem Zigeuner Champion zu prügeln, und es war noch nicht sicher, ob der Mann die kommende Nacht überleben würde. Mein Vater hatte ihn auf der Hauptstraße getroffen, düster wie eine Gewitterwolke und mit einem drohenden Blick für jeden, der an ihm vorüber kam. „Gütiger Gott“, sagte mein Vater, „er wird mal ne gut gehnde Praxis ham, wenner allen vorher die Knochn bricht.“

Cousine Edie lachte über all dies, und ich lachte, weil sie es tat; aber ich war mir nicht sicher, ob es wirklich lustig war.

Drei Tage danach ging ich den Schafspfad nach Corriermuir hinauf, als mir, mit großen Schritten von oben kommend, niemand anderer als Jim begegnete. Aber er war nun ein ganz anderer Mann als der große, freundliche Bursche, der an besagtem Morgen mit uns Porridge gegessen hatte. Er trug weder Kragen noch Krawatte, seine Weste war offen, seine Haare verfilzt und sein Gesicht fleckig wie bei einem Mann, der die ganze Nacht schwer getrunken hatte. Er trug einen Stock aus Eschenholz bei sich und schlug damit auf die Stechginsterbüsche auf beiden Seiten des Pfades ein.

„Mann, Jim!“ sagte ich.

Aber er schaute mich so an, wie ich es schon oft in der Schule erlebt hatte, wenn ihn der Teufel ritt und wenn er wußte, daß er im Unrecht war und er seinen Willen aber trotzdem durchsetzen wollte. Kein einziges Wort sprach er, als er auf dem schmalen Pfad an mir vorüberstrich und, mit seinem Eschenholzstock weiter auf die Büsche einschlagend, davonstolzierte.

Nun ja, ich war nicht böse auf ihn. Es tat mir nur leid, sehr leid, das war alles. Natürlich war ich nicht so blind, um zu verkennen, was der Grund für dieses Verhalten war. Er war in Edie verliebt und konnte den Gedanken nicht ertragen, daß ich sie bekommen sollte. Armer Teufel, wie konnte er darüber hinwegkommen. Vielleicht wäre es mir genauso ergangen. Es gab eine Zeit, in der es mich verwundert hätte, daß ein Mädchen einem starken Mann so den Kopf verdrehen konnte, aber auch ich wußte nun mehr darüber. Vierzehn Tage lang sah ich nichts von Jim Horscroft, und dann kam dieser Donnerstag, welcher den gesamten Verlauf meines Lebens verändern sollte.

Ich war früh erwacht an jenem Tag, und das mit einer leichten Vorfreude, welche man eher selten empfindet beim ersten Augenaufschlag. Edie war am Abend zuvor freundlicher als gewöhnlich gewesen, und ich war mit dem Gedanken eingeschlafen, daß ich möglicherweise doch einen Stern eingefangen hatte und daß sie ohne Illusionen und Verstellung lernte, den einfachen, rauhen Jack Calder von West Inch zu lieben. Es war dieser Gedanke, welcher noch immer mein Herz erfüllte und der mir dieses morgendliche Glücksgefühl bereitet hatte. Und dann erinnerte ich mich, daß, wenn ich mich beeilte, ich sie vielleicht noch erreichen mochte, denn es war ihre Gewohnheit, das Haus bei Sonnenaufgang zu verlassen. Aber ich war zu spät. Als ich an ihre Tür kam, stand diese halb offen und das Zimmer war leer. Nun gut, dachte ich, dann treffe ich sie wenigstens unterwegs und habe den Rückweg mit ihr zusammen. Oben, vom Corriemuir-Hügel, hatte man eine gute Sicht auf die gesamte Umgebung; also wendete ich mich, meinen Stock greifend, in diese Richtung. Es war hell, aber kalt, und die Brandung, daran erinnere ich mich, dröhnte laut, obwohl es schon seit Tagen in unserer Gegend keinen Wind mehr gegeben hatte. Ich folgte dem sich schlängelnden, steilen Pfad, atmete die dünne, scharfe Morgenluft und summte ein Lied, bis ich, ein wenig außer Atem, aus dem Stechginster heraus oben auf der Kuppe des Hügels ankam. Den langgezogenen Hang auf der anderen Seite herunterschauend, entdeckte ich Cousine Edie, wie ich es vermutet hatte; und ich sah Jim Horscroft, der an ihrer Seite ging.

Sie waren nicht sehr weit entfernt, doch zu sehr mit sich beschäftigt, um mich zu bemerken. Sie ging langsam, mit dieser launischen Haltung ihres zierlichen Köpfchens, welche ich so gut kannte, ihren Blick von ihm abgewandt und von Zeit zu Zeit ein paar Worte auf ihn abfeuernd. Er schritt neben ihr einher, schaute auf sie herab und beugte seinen Kopf im Eifer seiner Worte. Dann, als er wieder etwas sagte, legte sie ihre Hand liebkosend auf seinen Arm, und er, der den Boden zu verlieren drohte ob dieser Geste, hob sie hoch und küßte sie wieder und wieder. Bei diesem Anblick konnte ich weder schreien, noch mich bewegen; wie versteinert, mit einem Herzen aus Blei und dem Gesicht eines Toten, starrte ich zu ihnen hinunter. Ich sah, wie sich ihre Hände um seine Schultern legten und daß seine Küsse ihr willkommener waren als jemals die meinen. Dann setzte er sie wieder ab, und mir war klar, daß dies wohl ihre Verabschiedung war; denn, tatsächlich, nach weiteren hundert Schritten wären sie bereits in den Sichtbereich der oberen Fenster unseres Hauses gekommen. Sie ging langsam davon, ihm noch ein- oder zweimal zuwinkend, während er stehenblieb und ihr nachschaute. Ich wartete, bis sie ein gutes Stück entfernt war und stürzte dann hinunter; aber er war so in

Gedanken, daß ich bereits bis auf eine Armeslänge herangekommen war, ehe er zu mir herumschnellte. Er bemühte sich um ein Lächeln, als sich unsere Blicke trafen.

„Ah, Jock“, sagte er, „so früh schon unterwegs?“

„Ich hab euch gesehn“, schnappte ich; und mein Hals war so trocken, daß ich sprach wie jemand mit einer Mandelentzündung.

„Hast du das?“ erwiderte er und gab einen kurzen Pfiff von sich. „Nun, ich will ehrlich sein, Jock, es tut mir nicht leid. Ich hatte die Absicht, heute noch nach West Inch zu kommen, um die Angelegenheit mit dir zu klären. Aber vielleicht ist es so besser.“

„Du bist ein feiner Freund“, sagte ich.

„Mann, Jock, sei vernünftig“, antwortete er, steckte seine Hände in die Hosentaschen und wippte auf den Zehenspitzen vor und zurück. „Laß mich dir erklären, wie es steht. Schau mir dabei in die Augen, und du wirst sehen, daß ich nicht lüge. Es war so. Ich traf Edie – äh Miss Calder – bereits, bevor ich an besagtem Morgen zu euch kam, und es hatte für mich den Anschein, als sei sie frei; und, glaub mir, es gab für mich auch keinen Grund, etwas anderes zu denken. Dann sagtest du mir, daß sie nicht frei, sondern dir versprochen sei, und das war für mich der härteste Schlag, der mich bis dahin je getroffen hat. Fein aus der Bahn hat mich das geworfen, und ich habe mich einige Tage lang zum Dummkopf gemacht, und es ist ein Glück, daß ich nicht im Gefängnis von Berwick gelandet bin. Dann traf ich sie durch Zufall wieder – bei meiner Seele, Jock, es war Zufall – und als ich von euch sprach, da lachte sie darüber. Ihr seid doch Cousin und Cousine, meinte sie; aber daß sie nicht frei sei oder du mehr für sie seist als nur ein Freund, das sei nur dummes Gerede. Du siehst also, Jock, das war alles gar nicht so sehr meine Schuld:

umso mehr, als sie mir versprochen hat, sie würde dir durch ihr Verhalten zu verstehen geben, daß du mit deiner Annahme, du hättest einen Anspruch auf sie, falsch liegst. Du mußt doch gemerkt haben, daß sie in den letzten zwei Wochen fast kein Wort mit dir gesprochen hat."

Ich lachte bitter.

„Es war erst letzte Nacht", antwortete ich, „daß sie mir sagte, ich sei der einzige Mann auf der ganzen Welt, den sie je lieben könne."

Jim Horscroft streckte zitternd eine Hand aus und legte sie mir auf die Schulter, während er mit seinem Gesicht ganz nah vor das meine kam, um mir in die Augen zu schauen.

„Jock Calder", sagte er, „ich habe nicht gewußt, daß du lügst. Du versuchst hier nicht, mich auszutricksen, oder? Sei ehrlich, von Mann zu Mann."

„Bei Gott, es ist wahr", erwiderte ich.

Er stand da und schaute mich an, und sein Gesicht war das eines Mannes, welcher einen harten Kampf mit sich selbst führte. Es brauchte zwei endlos lange Minuten, bevor er sprach.

„Schau her, Jock", sagte er. „Diese Frau hält uns beide zum Narren. Verstehst du nicht, Mann, sie macht sich einen Spaß mit uns! Sie liebt dich auf West Inch, und mich hier draußen hinter dem Hügel; und in ihrem teuflischen Herzen schert sie sich einen feuchten Kehricht um uns beide. Komm, laß uns die Hände reichen, Mann, und dem verdammten Flittchen den rechten Weg weisen!"

Aber das war dann doch zu viel. Ich konnte sie nicht aus tiefstem Herzen verfluchen, und schon gar nicht konnte ich dastehen und hören, wie es ein anderer Mann tat, auch wenn es mein bester Freund war.

„Nenne sie nicht noch mal so!" schrie ich.

„Ach, du machst mich krank mit deinem Geschwafel. Ich bezeichne sie nur als das, was sie ist!“

„Meinst du?“ sagte ich, meinen Mantel dabei öffnend. „Sieh her, Jim Horscroft, wenn du noch ein weiteres Wort gegen sie sagst, dann werd’ ich dir dein Maul stopfen, und wenn du so stark bist wie Berwick Castle!“

„Versuch es doch!“

Er schob seinen Mantel bis zu den Ellbogen herunter, und dann zog er ihn langsam wieder an.

„Sei doch nicht solch ein Dummkopf, Jock!“ sagte er. Gegen meine Fäuste kannst du nicht gewinnen. Zwei alte Freunde dürfen nicht übereinander herfallen, wegen so einer – nun, ich werd’s nicht sagen. Mensch, bei Gott, wenn die nicht Nerven für zehn hat.“

Ich drehte mich um, und da stand sie, keine zwanzig Yards von uns entfernt, so kühl, gelassen und sanft schauend, wie wir aufgeregt und fiebernd.

„Ich war schon beinahe zu Hause“, sagte sie, „als ich euch zwei Jungs sehr aufgeregt miteinander sprechen sah, und so kam ich den ganzen Weg zurück, um zu erfahren, um was es geht.“

Horscroft sprang vorwärts und packte sie am Handgelenk. Sie stieß einen kleinen Schrei aus, als sie sein Gesicht erblickte, doch er zog sie dorthin, wo ich stand.

„So, Jock, nun ist Schluß mit den Albernheiten“, sagte er. „Hier ist sie. Werden wir sie bei ihrem Wort nehmen, egal wie sie sich entscheidet? Nun, wo wir beide zusammenstehen, kann sie uns nicht mehr austricksen!“

„Ich bin einverstanden“, antwortete ich.

„Und ich ebenfalls. Sollte sie sich für dich entscheiden, so schwöre ich, daß ich niemals wieder ein Auge auf sie haben werde. Wirst du das gleiche auch für mich tun?“

„Ja, das werde ich!“

„Nun denn, schau her, Mädchen! Wir sind zwei ehrliche Männer und Freunde, und wir belügen uns nicht; und so wissen wir von deinem doppelten Spiel. Ich weiß, was du gestern abend gesagt hast. Jock weiß, was du heute gesagt hast. Verstehst du? Hier und jetzt, fair und ehrlich! Hier stehen wir vor dir; jetzt oder nie. Welcher soll es nun sein, Jock oder ich?"

Man hätte denken können, daß diese Frau nun von Scham überwältigt wäre, doch statt dessen strahlten ihre Augen vor Verzückung; ich möchte wetten, daß dies der stolzeste Moment in ihrem Leben war. Wie sie so vom einen zum anderen von uns schaute, mit dem Schimmer der kühlen Morgensonne auf ihrem Gesicht, da sah sie so lieblich aus, wie ich sie noch nie zuvor gesehen hatte. Jim ging es genauso, da bin ich sicher; denn er ließ ihre Handgelenke los und die harten Züge seines Gesichtes entspannten sich.

Komm, Edie, wer soll es sein?" fragte er.

„Ihr ungezogenen Jungs, einen so zu überfallen", rief sie. „Cousin Jack, du weißt, wie gern ich dich mag."

"Oh, dann geh doch zu ihm!" sagte Horscroft.

„Aber ich liebe nur Jim. Es gibt keinen, den ich mehr liebe als Jim."

Sie schmiegte sich an ihn und legte ihre Wange auf seine Brust.

„Da siehst du's, Jock", sagte er, ihr dabei über die Schulter blickend.

Ich sah; und ich drehte mich um und ging zurück nach West Inch, als ein anderer Mann von nun an, als der ich es verlassen hatte.

5. Der Mann vom Meer

Nun, ich bin nie jemand gewesen, der dasitzt und über einen zerbrochenen Krug stöhnt. Wenn er nicht mehr zu reparieren war, dann ist es die Rolle eines Mannes, kein weiteres Wort darüber zu verlieren. Allerdings hatte ich wochenlang ein gebrochenes Herz; und ehrlich, es ist da noch immer eine kleine Wunde, nach all den Jahren und einer glücklichen Ehe, wenn ich es bedenke. Aber ich machte ein tapferes Gesicht; und, vor allem, ich hielt mich an das, was ich an jenem Tag am Hang des Hügels versprochen hatte. Ich war wie ein Bruder zu ihr und nichts weiter – auch wenn es Momente gab, in denen ich mich sehr beherrschen mußte; denn selbst jetzt kam sie in ihrer geschwätzigen Art zu mir, mit Geschichten über Jim, wie grob er mit ihr umgehe und wie glücklich sie doch war, als ich sie noch gern hatte; denn es steckte ihr einfach tief im Blut, und sie konnte nichts dagegen tun.

Aber im großen und ganzen waren sie und Jim sehr glücklich. In der ganzen Gegend war es bekannt, daß sie heiraten würden, sobald er seine Prüfung bestanden hatte, und vier Abende die Woche kam er nach West Inch, um mit uns zusammenzusitzen. Meine Eltern waren sehr zufrieden mit dieser Entwicklung, und ich versuchte es auch zu sein.

Vielleicht war das Verhältnis zwischen Jim und mir anfangs noch etwas unterkühlt – das alte Vertrauen zwischen uns, aus unserer Schulzeit, war noch nicht wieder ganz hergestellt. Aber dann, als der erste Schmerz verflogen war, schien es mir, daß er doch recht offen gehandelt hatte und daß es eigentlich keinen wirklichen Grund gab, mich über ihn zu beklagen. So wurden wir wieder Freunde; und was Edie betraf, hatte er allen Ärger vergessen und hätte ihr jederzeit die Füße geküßt. Wir hatten uns angewöhnt, lange Wanderungen zusammen zu unternehmen, er und ich; und über eine dieser möchte ich Euch jetzt berichten. Wir waren über die Heide von Bramston gegangen und hatten die Tannengruppe umrundet, welche das Haus von Major Elliot vor dem Seewind schützte. Es war inzwischen Frühling und der war in diesem Jahr besonders zeitig, so daß die Bäume bereits Ende April gut Laub trugen. Es war warm wie an einem Sommertag, und umso mehr waren wir erstaunt, als wir auf dem Rasenplatz vor der Tür des Majors ein gewaltiges, brüllendes Feuer sahen. Eine halbe Tanne steckte darin und die Flammen loderten bis zur Höhe des Schlafzimmerfensters. Jim und ich standen da und starrten auf das Feuer, aber unser Erstaunen wuchs noch, als der Major aus dem Haus kam, mit einem großen Humpen in der Hand und seine Schwester, welche ihm den Haushalt führte, und zwei der Dienstmädchen im Gefolge. Und alle vier fingen an, in Luftsprüngen um das Feuer zu tanzen. Die ganze Umgebung kannte ihn als einen ordentlichen und stillen Mann, und hier sah man ihn nun wie einen Hampelmann beim Altweibertanz herumhopsen und seinen Humpen über dem Kopf schwenken. Wir beide begannen zu rennen, und er schwenkte ihn umso kräftiger, als er uns kommen sah.

„Friede!“ brüllte er. „Hussa, Jungs! Friede!

Und so bekamen auch wir Lust, zu tanzen und zu jubeln; denn solange wir zurückdenken konnten, hatte es diesen schrecklichen Krieg gegeben, und der Schatten hatte so lange über uns gelegen, daß es jetzt, wo er sich gehoben hatte, ein sonderbares Gefühl war. Tatsächlich war es kaum zu glauben, doch das Lachen des Majors zerstreute unsere Zweifel.

„Aye, aye, es ist wahr“, rief er, während er sich mit seiner Hand die Seite hielt. „Die Alliierten haben Paris besetzt. Boney ist gestürzt und sein Volk schwört Louis XVIII. die Treue.“

„Und der Kaiser?“ fragte ich. “Wird man ihn verschonen?“

„Es wird geredet, daß man ihn nach Elba schicken will, wo er kein Unheil mehr anrichten kann. Aber von seinen Offizieren werden einige nicht so einfach davonkommen. Schlimme Dinge sind in den letzten zwanzig Jahren geschehen, die nicht vergessen sind. Da sind noch ein paar alte Rechnungen zu begleichen. Aber es ist nun Friede! Friede!“

Und dann begann er wieder mit seinem großen Humpen um sein Freudenfeuer zu hüpfen.

Nun, wir blieben noch eine Weile beim Major und machten uns dann auf zum Strand; Jim und ich diskutierten über diese großartigen Neuigkeiten und alles, was sich daraus wohl ergeben mochte. Er wußte nur wenig und ich noch weniger, aber wir fügten alles zusammen und sprachen darüber, daß die Preise nun fallen würden, daß unsere tapferen Veteranen wieder nach Hause zurückkämen, daß die Schiffe nun in Frieden fahren könnten, wohin sie wollen, und daß wir die Signalfeuer entlang der Küste niederreißen würden, da nun kein Feind mehr zu fürchten war. So unterhielten wir uns, während wir auf dem sauberen, harten Sand dahingingen und auf die gute alte Nordsee hinausschauten. Wie wenig wußte Jim in diesem Moment, als er neben mir daher wanderte, bei bester Gesundheit und voller Ideen, daß er den höchsten Punkt seines Lebens bereits erreicht hatte und daß er sich von dieser Stunde an, in Wahrheit schon wieder auf dem Weg nach unten befand!

Es lag ein leichter Dunst über dem Meer, denn am Morgen war es zunächst sehr neblig gewesen, doch die Sonne hatte den Nebel ausgedünnt. Als wir seewärts blickten, sahen wir plötzlich das Segel eines kleinen Bootes aus dem Dunst auftauchen und, auf und nieder hüpfend, auf die Küste zukommen. Ein einzelner Mann saß im Heck des Bootes auf einer Abdeckung, und mal drehte er ab, dann hielt er wieder auf die Küste zu, so als wäre er nicht einig mit sich selbst, ob er an Land gehen solle oder nicht. Dann aber, bestimmt weil er unsere Anwesenheit bemerkt hatte, hielt er direkt auf uns zu, und der Kiel kratzte über den Kiesstrand unmittelbar bis vor unsere Füße. Der Mann holte das Segel ein, sprang aus dem Boot und zog es ganz auf den Strand.

„Großbritannien, nehme ich an?“ sagte er, drehte sich flink um und schaute uns an.

Er war ein Mann von etwas über mittelgroßer Statur, aber außerordentlich dünn. Seine Augen schauten durchdringend und standen dicht beieinander, eine spitze Nase sprang zwischen ihnen hervor, und darunter saß ein borstiger, brauner Schnurrbart, so dünn und steif wie die Schnurrbarthaare einer Katze. Er war gutgekleidet in einen braunen Anzug mit Messingköpfen, und er trug hohe Stiefel, welche aufgeraut und stumpf vom Salzwasser waren. Sein Gesicht und seine Hände waren so dunkel, daß er durchaus als Spanier durchgehen mochte, aber als er seinen Hut zum Gruße zog, da sahen wir, daß die Haut oberhalb seiner Brauen recht hell und die dunkle Hautfarbe somit nicht seine natürliche war. Er schaute uns einen nach dem anderen an, und seine grauen Augen trugen etwas in sich, das ich zuvor noch nie gesehen hatte. Man konnte das Fragende in ihnen lesen; aber von ganz tief drinnen schien eine Bedrohung auszugehen, so als wäre die Antwort ein Recht und keine Bitte.

„Großbritannien?" wiederholte er seine Frage, wobei er ungeduldig mit seinem Fuß auf den Kies unter sich tippte.

„Ja", antwortete ich, während Jim zu lachen begann.

„England? Schottland?"

"Schottland. Aber England beginnt gleich hinter den Bäumen."

„Bon! Nun ich weiß, wo ich bin. Ich befand mich in einem Nebel, ohne Kompaß für beinahe drei Tage, und ich nicht glaubte, jemals wieder Land zu sehen."

Er sprach Englisch mit einer gewissen Gewandtheit, doch von Zeit zu Zeit verdrehte er die Worte in einer seltsamen Weise.

„Von wo kommen Sie denn nun?" fragte Jim.

„Ich befand mich auf eine Schiff, welches havarierte," sagte er knapp. „Was ist die Stadt dort hinten?"

„Das ist Berwick."

Ah, gut, aber ich muß erst wieder zu Kräften kommen, bevor ich kann gehen weiter."

Er wendete sich seinem Boot zu und kam dabei ins Taumeln, und hätte er nicht den Bug zu fassen bekommen, so wäre er gestürzt. Mit hochrotem Gesicht setzte er sich und schaute sich suchend um, und seine Augen funkelten wie die einer wilden Bestie.

„Voltigeuers de la Garde[15]," brüllte er mit einer Stimme wie ein Trompetenstoß, und dann nochmals „Voltigeurs de la Garde!"

Er schwenkte seinen Hut über dem Kopf, fiel dann plötzlich vornüber, mit dem Gesicht in den Sand, und

15 Voltigeurs de la Garde:Truppenteil der Kaiserlichen („Jungen") Garde Napoleon Bonanpartes.

lag da, zu einem kleinen braunen Häuflein zusammengekauert.

Jim Horscroft und ich standen da und starrten uns an. Das Auftauchen dieses Mannes war schon merkwürdig, dann seine Fragen, und nun diese plötzliche Wendung. Wir nahmen ihn bei den Schultern und drehten ihn auf den Rücken. Da lag er nun mit seiner hervorspringenden Nase und seinem Katzenschnauzbart, mit blutleeren Lippen, und sein Atem mochte kaum noch eine Feder bewegen.

„Er stirbt, Jim!“ rief ich.

„Aye, vor Hunger und Durst. In seinem Boot ist weder Wasser, noch was zu essen. Aber vielleicht ist was in der Tasche.“

Er sprang hinein und brachte eine schwarze lederne Tasche, welche, neben einem großen blauen Mantel, die einzigen Gegenstände im Boot waren. Sie war verschlossen, aber im Nu hatte Jim sie geöffnet. Sie war voller Goldstücke.

Keiner von uns hatte jemals zuvor so viele auf einem Haufen gesehen – nein, nicht einmal den zehnten Teil davon. Es mußten Hunderte sein, alles neue, glänzende britische Sovereigns. Tatsächlich waren wir so überrascht, daß wir darüber den Besitzer ganz und gar vergessen hatten, als ein Stöhnen unsere Gedanken wieder auf ihn lenkte. Seine Lippen waren nun noch blauer und sein Unterkiefer war heruntergesunken. Ich sehe noch immer seinen offenen Mund vor mir, mit den Reihen weißer, wolfsähnlicher Zähne.

„Mein Gott, er ist bewußtlos!“ rief Jim. „Los, renn zum Bach, Jock, und hol ihm ’ne Mütze voll Wasser. Schnell, Mann, oder er wird sterben. Ich werd’ ihm inzwischen den Kragen lockern.“

Ich stürzte los und war in der nächsten Minute auch schon wieder zurück, mit soviel Wasser, wie ich in meinem Glengarry[16] hatte halten können.

Jim hatte dem Mann Mantel und Hemd geöffnet und wir bespritzten ihn etwas mit dem Wasser und drängten ihn zum Trinken. Das zeigte eine gute Wirkung; nachdem er ein- oder zweimal nach Luft geschnappt hatte, richtete er sich auf und rieb sich langsam die Augen, so wie jemand, der aus einem tiefen Schlaf erwacht. Doch weder Jim noch ich schauten ihm jetzt ins Gesicht; unsere Augen waren vielmehr fixiert auf seinen unbedeckten Brustkorb. Dort gab es zwei tiefe rote Runzeln zu sehen, eine unmittelbar unter dem Schlüsselbein und die andere, um die Hälfte nach unten versetzt, auf der rechten Seite. Die Haut seines Körpers war sehr hell bis hinauf zu der braunen Linie in seinem Nacken, und die runzeligen Punkte wirkten vor diesem Hintergrund noch kräftiger. Von oben konnte ich sehen, daß es zu dem einen Punkt eine korrespondierende Narbe auf dem Rücken gab, zu dem anderen jedoch nicht. Trotz meiner Unerfahrenheit wußte ich, was das bedeutete. Zwei Kugeln hatten seine Brust getroffen; die eine war hindurchgegangen und die andere darin steckengeblieben.

Doch plötzlich sprang er auf und mit einem mißtrauischen Blick auf uns knöpfte er sein Hemd zu.

„Was war los?“ fragte er. “Ich war ohne Besinnung. Nehmen Sie keine Notiz von dem, was ich habe gesagt. Habe ich gerufen etwas?“

„Ja, bevor Sie zusammenbrachen.“

„Was ich habe gerufen?“

Ich sagte es ihm, obwohl die Worte nur wenig Sinn für mich ergaben. Er schaute uns scharf an und dann zuckte er mit den Schultern.

16 Glengarry: schottische Kopfbedeckung.

„Die Worte eines Liedes“, sagte er. „Nun, die Frage ist, was ich jetzt werde machen. Ich habe nicht gedacht, daß ich bin so schwach. Woher haben Sie das Wasser?“

Ich deutete auf den Bach und er schwankte bis zu seinem Ufer. Dort legte er sich der Länge nach nieder und trank, bis ich dachte, er würde wohl niemals wieder aufhören. Sein langer, dünner Hals war ausgestreckt wie der eines Pferdes, und er machte ein lautes, schlürfendes Geräusch beim Trinken. Endlich erhob er sich mit einem zufriedenen Seufzer und wischte sich mit seinem Ärmel über den Schnurrbart.

„Das ist besser“, sagte er. „Haben Sie etwas zu essen bei sich?“

Ich hatte mir, bevor ich das Haus verlassen hatte, zwei Haferkuchen in die Jackentasche gesteckt und diese stopfte er sich nun in seinen Mund und schluckte sie gierig hinunter. Dann reckte er seine Schultern, streckte die Brust heraus und schlug sich mit den flachen Händen auf den Brustkorb.

„Ich bin sicher, daß ich mich befinde tief in Ihrer Schuld“, sagte er. „Sie waren sehr freundlich zu einem Fremden. Aber wie ich sehe, Sie hatten Gelegenheit, meine Tasche zu öffnen.“

„Als Sie ohnmächtig wurden, da hofften wir, möglicherweise etwas Brandy darin zu finden.“

„Nun, ich habe nichts weiter dabei als meine bescheidenen – wie sagen Sie dazu – meine Ersparnisse. Sie sind nicht groß, aber ich werde in Ruhe leben können davon, bis ich zu tun finde etwas. Man könnte gar nicht ruhiger leben als hier, ich sollte sagen. An einen friedlicheren Ort hätte ich nicht können gelangen wo sich so etwas wie ein Gendarm befindet erst in der nächsten Stadt.“

„Sie haben uns bis jetzt noch nicht gesagt, wer Sie sind, woher Sie kommen, noch, was Sie sind“, sagte Jim frei heraus.

Der Fremde maß ihn mit einem kritischen Blick von oben bis unten.

„Mein Wort drauf, Sie würden eine gute Grenadier in eine Flankenkompanie abgeben“, erwiderte er. „Aber was Ihre Frage betrifft, aus jedem anderen Munde hätte ich sie empfunden als Beleidigung; aber Sie haben ein Recht auf eine Antwort, da Sie mich haben mit so großer Höflichkeit empfangen. Mein Name ist Bonaventure de Lapp. Ich bin ein Soldat und reisender Händler und ich komme von Dünkirchen, wie es an meinem Boot geschrieben steht.“

„Ich dachte, Sie hätten Schiffbruch erlitten!“ sagte ich.

Aber er sah mich mit dem geraden Blick eines ehrlichen Mannes an.

„Das stimmt“, antwortete er, „aber das Schiff kam von Dünkirchen, und dies ist eines seiner Boote. Die Mannschaft machte sich im großen Beiboot davon und das Schiff sank so schnell, daß mir keine Zeit blieb, noch irgend etwas mitzunehmen. Das war am Montag.“

„Und heute ist Donnerstag. Dann waren Sie drei Tage ohne Nahrung und Wasser.“

„Das ist zu lang“, sagte er. „Zweimal bereits ich war das für zwei Tage, doch noch nie so lang wie jetzt. Nun, ich werde mein Boot hier lassen und schau’n, ob ich in einem der grauen Häuser, dort oben auf dem Hang, kann unterkommen. Warum das große Feuer brennt dort hinten?“

„Das ist einer unserer Nachbarn, der gegen die Franzosen gedient hat. Er freut sich, weil der Friede ausgerufen wurde.“

„Oh, Sie haben einen Nachbarn, der gedient hat. Da ich bin froh; weil, ich habe hier und da auch ein wenig Soldat gespielt."

Doch er schien darüber nicht sonderlich glücklich zu sein, denn er zog die Brauen über seinen scharfen Augen zusammen.

„Sie sind Franzose, oder?" Ich fragte ihn, als wir alle zusammen den Hügel hinauf gingen; er, mit seiner schwarzen Tasche in der Hand und mit dem langen, blauen Mantel über der Schulter.

„Nun, ich bin Elsässer", antwortete er, „und wie Sie wissen sicherlich, die sind mehr Deutsche als Franzosen. Ich für meine Teil, ich bin gewesen in so vielen Ländern, daß ich mich fühle überall zu Hause. Ich bin viel herumgekommen; und wo meinen Sie, daß ich könnte finden eine Unterkunft?"

Ich kann heute nur schwer sagen, wenn ich die fünfunddreißig Jahre zurückschaue, die nun dazwischenliegen, welchen Eindruck dieser einzigartige Mann auf mich machte. Ich mißtraute ihm, denke ich, und doch war ich von ihm gleichzeitig auch fasziniert; denn es war etwas in seiner Haltung, in seinem Blick und in seiner ganzen Art zu sprechen, das völlig anders war als alles, was ich je gesehen hatte. Jim Horscroft war ein feiner Bursche und Major Elliot ein tapferer Mann, aber beiden fehlte etwas, was dieser Wanderer hatte. Es war dieser flinke, wachsame Blick, das Leuchten seiner Augen, dieses besondere Etwas, welches so schwer zu beschreiben ist. Und dann hatten wir ihn gerettet, als er beinahe verdurstet auf dem Kies am Strand lag, und unser Herz zeigt immer Mitleid demjenigen gegenüber, dem wir schon einmal geholfen haben.

„Wenn Sie mit mir kommen wollen", sagte ich, „ich bin sicher, daß ich ein Bett für Sie finden werde, für ein oder zwei Nächte, und während dieser Zeit wird es

Ihnen dann sicher möglich sein, etwas Ihren Wünschen entsprechendes zu finden.“

Er zog seinen Hut und verbeugte sich mit aller nur erdenklichen Grazie. Aber Jim Horscroft zog mich am Ärmel und nahm mich zur Seite.

„Du bist doch verrückt, Jock“, flüsterte er. „Dieser Bursche ist ein ganz gewöhnlicher Abenteurer. Oder was glaubst du, was der sonst ist?“

Aber ich war so stur wie ein Schnürstiefel, und versucht man mich zurückzurufen, so war dies der sicherste Weg, mich an die Front zu schicken!

„Er ist ein Fremder, und es ist unsere Aufgabe, ein Auge auf ihn zu haben“, antwortete ich.

„Du wirst es noch bereuen“, sagte er.

„Mag sein.“

„Wenn du schon nicht an dich selber denkst, dann denk wenigstens an deine Cousine.“

„Edie kann gut auf sich selbst achtgeben.“

„Nun, dann hol dich doch der Teufel, und mach, was du willst!“ schrie er, in einem seiner plötzlichen Zornesausbrüche.

Ohne ein Wort des Abschiedes zu uns, wandte er sich dem Pfad zu, welcher hinauf zum Hause seines Vaters führte. Bonaventure de Lapp lächelte mir zu, als wir zusammen weitergingen.

„Ich habe gedacht nicht, daß er mich besonders mochte“, sagte er. „Ich kann mir denken sehr gut, daß er gemacht hat einen Streit mit Ihnen, weil Sie nehmen mich mit zu Ihnen nach Haus. Für wen hält er mich nur? Denkt er vielleicht, daß ich habe gestohlen das Gold in meiner Tasche, oder was er fürchtet?“

„Ach was, ich weiß es nicht, noch schert es mich“, antwortete ich. „Kein Fremder soll an unserer Tür vorübergehen, ohne ein Stück Brot und ein Bett.“

Mit erhobenem Haupt und dem Gefühl, daß ich etwas Gutes tat, anstatt der ungeheuerlichste Narr südlich von Edinburgh zu sein, marschierte ich, meine neue Bekanntschaft im Schlepptau, den Pfad hinunter.

6. Ein wandernder Adler

Mein Vater schien sehr der Meinung Jim Horscrofts zu sein; denn er war nicht übermäßig herzlich zu diesem neuen Gast und schaute ihn von oben bis unten mit fragendem Blick an. Jedenfalls setzte er ihm einen großen Teller mit sauren Heringen vor, und ich bemerkte, daß er mehr als mißtrauisch dreinschaute, als mein Begleiter ganze neun Stück verzehrte, wo doch unsere übliche Portion nur zwei betrug. Als er seine Mahlzeit endlich beendet hatte, fielen Bonaventure de Lapp die Lider über die Augen, denn, daran zweifelte ich nicht, es hatte ihm in den letzten drei Tagen nicht nur an Nahrung gemangelt, sondern sicher auch an Schlaf. Es war nur ein ärmlicher Raum, zu dem ich ihn führte, doch er warf sich auf das Sofa, wickelte seinen großen blauen Mantel um sich und war im nächsten Augenblick eingeschlafen. Er schnarchte hoch und laut, und da mein Zimmer direkt neben seinem lag, wurde ich die ganze Nacht daran erinnert, daß wir einen Fremden unter unserem Dach beherbergten.

Als ich am Morgen hinunterkam, stellte ich fest, daß er bereits vor mir aufgestanden war; denn er saß meinem Vater gegenüber am Fenstertisch in der Küche, ihre Köpfe berührten sich beinahe und eine kleinen Rolle mit Goldstücken lag zwischen ihnen. Als ich hereinkam, schaute mein Vater zu mir hoch, und ich bemerkte einen leichten Schimmer von Gier in seinen Augen, wie ich ihn noch nie zuvor gesehen hatte. Er schob das Geld begierig zusammen und wischte es in seine Jackentasche.

„Sehr gut, Mister“, sagte er; „das Zimmer ist Ihres, und Sie zahlen dann immer am Dritten des Monats.“

„Ah, und hier ist ja mein erster Freund“, rief de Lapp, streckte mir die Hand mit einem Lächeln entgegen, welches zwar freundlich war und doch einen Hauch des Gönnerhaften hatte, wie man es verwendet, wenn man seinen Hund streichelt.

„Nun, ich bin wieder ich selbst, dank eines exzellenten Abendbrotes und einer guten Nachtruhe. Ja, es ist Hunger, welcher einem Mann den Mut raubt. Meistens, und dazu Kälte.“

„Aye, das stimmt wohl“, sagte mein Vater, „ich war mal für sechsunddreißig Stunden draußen im Moor, in ’nem Schneesturz, und ich weiß, wie das is’.“

„Ich habe einmal erlebt, wie dreitausend Mann verhungert sind“, erwiderte de Lapp, seine Hände nach dem Feuer ausstreckend. „Tag für Tag sie wurden dünner und immer mehr wie Affen, und sie kamen hinunter an den Rand der Schiffsbrücke, wo wir sie eingeschlossen hatten, und sie heulten vor Wut und Schmerz. Die erste paar Tage ihr Heulen erfüllte die ganze Stadt, aber nach einer Woche unsere Wachen am Ufer konnten sie nicht mehr hören, so schwach sie waren geworden.“

„Und sie starben?“ rief ich.

„Eine lange Zeit sie hielten durch. Es waren österreichische Grenadiere, aus dem Starowitz Corps, feine, tapfere Männer, und so kräftig gebaut, wie Ihr Freund von gestern; aber als die Stadt fiel, nur noch vierhundert waren am Leben, und ein Mann konnte von ihnen drei auf einmal heben, als wären sie kleine Affen. Es war eine Schande. Doch nun, mein Freund, werden Sie erweisen mir die Ehre und mich Madame und Mademoiselle vorstellen.“

Es waren meine Mutter und Edie, die in die Küche gekommen waren. Er hatte sie am Abend zuvor noch nicht gesehen, doch nun hatte ich alle Mühe, nicht die Fassung zu verlieren, als ich ihn anschaute; denn statt auf unsere schlichte schottische Art zu grüßen beugte er seinen Rücken wie eine springende Forelle, machte einen Kratzfuß und schlug auf sehr komische Weise seine Hand an sein Herz. Meine Mutter starrte ihn an, denn sie dachte, er wolle sich über sie lustigmachen; doch Cousine Edie ging augenblicklich darauf ein, so als wäre es ein Spiel, und machte einen so tiefen Hofknicks, daß ich dachte, sie käme nicht wieder hoch und würde auf dem Boden inmitten der Küche sitzenbleiben. Aber nein, sie kam wieder hoch, so leicht wie eine Feder, und dann setzten wir uns alle an den Tisch, aßen Scones[17] und Porridge und tranken Milch dazu.

Er hatte eine ganz wundervolle Art, mit Frauen umzugehen, dieser Mann. Hätte ich mich so verhalten oder Jim Horscroft, so hätte es ohne Zweifel albern ausgesehen und die Mädels hätten über uns gelacht; doch bei ihm schien es am Zusammenspiel von Gesichtsausdruck und Redeweise zu liegen, daß man ihn am Ende ernstnahm; denn wenn er mit meiner Mutter sprach, oder mit Cousine Edie – und er war nicht mundfaul, was das anging –, so geschah dies immer mit einer Verbeugung und einem Blick, als würde es sich kaum lohnen, dem zuzuhören, was er zu sagen hatte, und wenn sie antworteten, dann machte er ein Gesicht, als ob er jedes ihrer Wort für immer in seiner Erinnerung bewahren wollte. Und dennoch, selbst wenn er sich einer Frau gegenüber derart demütigte, lag da immer ein gewisser Stolz, ganz tief drinnen, in seinen Augen, so, als ob er sagen wollte, daß er nur zu ihnen so unterwürfig war

17 Scones: heute Teegebäck, früher in der Pfanne zubereitet, flach, fast wie Eierkuchen.

und daß er bei anderer Gelegenheit durchaus ungnädig sein konnte. Zum Beispiel war es ganz wunderbar anzuschauen, auf welche Art und Weise meine Mutter sich ihm öffnete, denn bereits nach einer halben Stunde hatte sie ihm alles über ihren Onkel erzählt, welcher Chirurg in Carlisle war und es damit am weitesten gebracht hatte von der Seite ihrer Familie. Sie sprach zu ihm sogar über den Tod meines Bruders Rob, den sie nie zuvor auch nur einer Menschenseele gegenüber erwähnt hatte, und er schaute, als ob ihm darüber die Tränen kommen wollten – er, der uns gerade zuvor noch berichtet hatte, er habe miterlebt, wie dreitausend Männer verhungerten! Was Edie anging, so sprach sie nicht viel, doch warf sie unserem Besucher ständig verstohlene Blicke zu, und ein- oder zweimal schaute er sie sehr streng dafür an.

Als er nach dem Frühstück auf sein Zimmer gegangen war, holte mein Vater acht goldene Pfund-Stücke heraus und legte sie auf den Tisch.

„Was sagst du dazu, Martha?“ sagte er.

„Dann hast du nun doch die beiden schwarzen Hammel verkauft.“

„Nein, das ist die Monatsmiete für Kost und Logis von Jocks Freund, und so viel kommt nun alle vier Wochen.“

Aber meine Mutter schüttelte den Kopf, als sie das hörte.

„Zwei Pfund die Woche sind viel zuviel“, sagte sie, „und es ist nicht in Ordnung, daß wir, wo der arme Gentleman doch in Not ist, so ’nen ’Preis für sein bißchen Essen nehmen.“

„Ach was“, rief mein Vater, „der kann sich das gut leisten, der mit seiner Tasche voll Gold. Außerdem hat er’s selber vorgeschlagen.“

„Es wird kein Segen komm’n von diesem Geld.“

„Mensch, Frau, der hat dir mit seiner fremden Art zu reden schon ganz den Kopf verdreht!“ rief mein Vater.

„Aye, und es wär ’ne gute Sache, wenn schottische Männer etwas mehr von dieser freundlichen Art hättn“, antwortete sie, und es war das erste Mal in meinem Leben, daß sie das letzte Wort hatte.

Er kam bald wieder herunter und fragte mich, ob ich mit ihm hinausgehen würde. Als wir draußen in der Sonne standen, reichte er mir ein kleines Kreuz aus roten Steinen, eines der schönsten Dinge, die meine Augen je erblickt haben.

„Es sind Rubine“, sagte er, „und ich bekam es in Tudela, in Spanien. Es eigentlich gab zwei davon, aber eines ich schenkte einem litauischen Mädchen. Ich bete darum, daß Sie es werden annehmen, als Erinnerung an Ihre außerordentliche Freundlichkeit gestern mir gegenüber. Es wird sich machen gut, als Nadel für Ihre Krawatte.“

Ich konnte nicht anders, als ihm für dieses Geschenk zu danken, welches mehr wert war, als alles, was ich jemals in meinem Leben besessen hatte.

„Ich geh’ hinauf zum Hochmoor, um die Lämmer zu zählen“, sagte ich; „vielleicht möchten Sie mit mir kommen, um etwas von der Gegend kennenzulernen?“

Er zögerte für einen Moment, und dann schüttelte er den Kopf.

„Ich habe ein paar Briefe“, antwortete er, „welche ich bin genötigt, so schnell wie möglich zu schreiben. Ich denke, ich werde diesen Morgen verbringen ruhig hier und sie schreiben.“

Den ganzen Vormittag wanderte ich über die Pfade, und man kann sich vorstellen, daß meine Gedanken sich die ganze Zeit um diesen fremden Mann drehten, welchen das Schicksal an unsere Tür verschlagen hatte. Wo hatte er diese vornehme Art erworben, dieses herrische

Auftreten, dieses hochmütige, bedrohliche Funkeln in seinen Augen? Und seine Erlebnisse, von denen er nur andeutungsweise berichtete – wie wundervoll muß das Leben gewesen sein, welches ihm alles das in den Weg gelegte hatte! Er war freundlich zu uns gewesen und voll der gütigen Worte, aber dennoch konnte ich mein Mißtrauen nicht ganz abschütteln, welches ich ihm anfangs entgegengebracht hatte. Am Ende vielleicht hatte Jim Horscroft doch recht, und es war ein Fehler von mir, ihn mit nach West Inch zu nehmen.

Als ich zurückkam, sah es bereits so aus, als sei er auf dem Hof geboren und aufgewachsen. Er saß in dem großen Kaminsessel mit den Holzarmlehnen, die schwarze Katze auf den Knien. Seine Arme waren ausgebreitet und er hielt einen Strang Kammgarn in den Händen, welches meine Mutter geschäftig zu einem Knäuel aufwickelte. Cousine Edie saß in der Nähe und an ihren Augen konnte ich sehen, daß sie geweint hatte.

„Holla, Edie!“ sagte ich,“ was ist denn los?“

„Ach, Mademoiselle, wie alle guten und wahren Frauen, hat ein weiches Herz“, sagte er. „Ich hatte nicht gedacht, daß es sie bewegt so sehr, sonst ich hätte geschwiegen. Ich hatte gesprochen von dem Leid einiger Truppen, von welchem ich weiß, als sie die Guadarrama-Berge[18] überquerten, im Winter 1808. Oh ja, das war wirklich schlimm, denn es waren gute Männer und gute Pferde. Es mutet seltsam an, Männer vom Wind geblasen über die Abgründe zu sehen, aber der Untergrund war so schlüpfrig und da war nichts, woran sie sich konnten halten fest. So die Mannschaften faßten sich bei den Armen, und so es ging besser auf diese Weise; aber die Hand eines Artilleristen einfach riß ab,

18 Sierra de Guadarrama: Bergkette in Spanien.

als ich sie hielt, denn seit drei Tagen sie war bereits erfroren.“

Mit offenem Mund starrte ich ihn an.

„Und auch die alten Grenadiere, die nicht mehr so tatkräftig waren wie früher, konnten mithalten nicht mehr; und dennoch, würden sie bleiben zurück, dann würden die Bauern sie fangen und nach oben mit den Füßen an ihren Scheunentoren kreuzigen, und unter ihren Köpfen Feuer machen, was eine wirkliche Schande für diese feinen Soldaten war. Wenn sie also nicht mehr konnten weiter, es war interessant zu sehen, was sie taten; dann sie setzten sich nieder, einfach auf einen alten Sattel oder ihren Tornister vielleicht, und sprachen ihr letztes Gebet. Dann sie zogen ihre Stiefel aus und ihre Socken und lehnten ihr Kinn auf die Mündung ihrer Muskete. Dann legten sie ihren großen Zeh an den Abzug und, puff!, vorbei war alles, und die feinen, alten Grenadiere mußten nicht länger marschieren. Oh ja, es war sehr hart dort oben, in den Guadarrama-Bergen!“

„Und was für eine Armee war das?“ fragte ich.

„Oh, ich habe in so vielen Armeen gedient, daß ich sie durcheinanderwerfe manchmal. Ja, ich habe gesehen viel vom Krieg. Übrigens habe ich auch eure Schotten kämpfen seh’n, und gute Infanteristen geben sie ab, aber ich dachte von ihnen, daß die Bevölkerung hier alle tragen – wie sie sagen – Petticoats?“

„Das sind die Kilts, und die werden nur von denen in den Highlands getragen.“

„Ah, in den Bergen. Aber, da draußen ist ein Mann. Vielleicht es ist jener, von dem Ihr Vater sagte, daß er meine Briefe tragen würde zur Post.“

„Ja, das ist Farmer Whiteheads Knecht. Soll ich sie ihm geben?“

„Nun, er sicher wird sorgsamer mit ihnen umgehen, wenn er sie aus Ihrer Hand erhält.“

Er nahm sie aus seiner Jackentasche und reichte sie mir herüber. Ich eilte mit ihnen hinaus und dabei fiel mein Blick auf die Adresse des obersten. Sie war sehr groß und deutlich geschrieben:

A SON MAJESTET,
LE ROI DE SUEDE,
STOCKHOLM

Ich konnte nicht viel Französisch, aber es reichte aus um dies hier zu verstehen. Was für ein Adler war das, der uns hier in unser kleines bescheidenes Nest geflogen war?

7. Der Corriemuir-Grenzturm

Nun, es würde mich ermüden, und ich bin mir sehr sicher, Euch ebenfalls, wenn ich den Versuch machen wollte, Euch von allem zu berichten, was sich in unserem Leben abspielte, nachdem dieser Mann unter unser Dach gezogen war, oder darüber, wie es ihm allmählich gelang, die Zuneigung eines jeden einzelnen von uns zu erlangen. Mit den Frauen hatte er leichtes Spiel; aber schon bald war auch mein Vater aufgetaut, was keine leichte Sache war, und das Wohlwollen von Jim Horscroft und mir hatte er schließlich auch gewonnen.

Tatsächlich waren wir nur zwei große Jungs neben ihm, denn er war überall gewesen und hatte alles gesehen; und so schwatzte er an manchem Abend munter drauflos, in seinem gebrochenen Englisch, bis er uns vollständig mitriß, aus unserer einfachen Küche und dem kleinen Farmhaus heraus, um uns eintauchen zu lassen in die Höfe, die Heerlager, die Schlachtfelder und all die anderen Wunder dieser Welt. Horscroft hatte sich ihm gegenüber anfangs sehr mürrisch verhalten; aber de Lapp, mit seinem Fingerspitzengefühl und seiner ruhigen Art, bekehrte ihn alsbald, bis er sein Herz gewonnen hatte, und so saß Jim mit Cousine Edie Hand in Hand, und die beiden lauschten ganz vertieft all dem, was er uns zu erzählen hatte. Ich werde Euch nicht alles berichten; aber selbst jetzt, nach einem so langen Zeit, kann ich nachvollziehen, wie er uns alle, Woche um

Woche und Monat um Monat, mit einem Wort hier und einer Tat da, nach seinen Wünschen geformt hatte.

Eine seiner ersten Taten war, meinem Vater das Boot, in dem er gekommen war, zu überlassen, mit der einzigen Bedingung, es zurückzuerhalten für den Fall, daß er es einmal brauchen sollte. Die Heringe zogen im Herbst die Küste entlang, und mein Onkel hatte uns, kurz bevor er starb, noch eine feine Garnitur Netze überlassen, so daß dies Geschenk manches Pfund für uns wert war. Manchmal fuhr de Lapp mit dem Boot allein hinaus, und einmal habe ich ihn gesehen, wie er einen ganzen Sommertag lang langsam dahinruderte und nach jedem halben Dutzend Ruderschlägen innehielt, um einen Stein, welcher an einem Seil befestigt war, über Bord zu werfen. Ich konnte mir nicht erklären, was er tat, bis er es mir aus freien Stücken erzählte.

„Ich gerne mache mir Gedanken über alles, was mit militärischen Dingen hat zu tun", sagte er, „und ich nie lasse eine Gelegenheit aus. Ich habe gefragt mich, ob es wäre eine schwierige Angelegenheit für einen Kommandeur einer Armee, seine Truppen hier zu bringen an Land."

„Solange der Wind nicht vom Osten kommt", sagte ich.

„Ah, ganz recht, sofern der Wind nicht kommt vom Ost. Haben Sie hier schon mal gelotet?"

„Nein."

„Die Position der Linienschiffe hätte zu liegen weiter draußen, aber es gibt ausreichend Wasser für eine Vierzig-Kanonen-Fregatte, gerade richtig für die Reichweite von Musketen. Packen sie ihre Boote voll mit Tirailleurs[19], lassen Sie sie hinter den Sanddünen ausschwärmen, dann zurück mit den Barkassen, um Nach-

19 Tirailleure (französisch: Schützen) sind in aufgelöster Ordnung kämpfende Mannschaften der leichten Infanterie.

schub zu holen, und ein Kugelhagel über ihre Köpfe hinweg, von der Fregatte. So es könnte geh'n. Ja, so es könnte geh'n!“

Sein Schnurrbart sträubte sich mehr denn je wie der einer Katze, und am Leuchten seiner Augen konnte ich erkennen, daß er ins Träumen geraten war.

„Sie vergessen, daß unsere Soldaten am Strand stehen würden“, erwiderte ich empört.

„Ja, ja, ja“, rief er. „Natürlich es braucht zwei Seiten für eine Schlacht. Lassen Sie uns sehen; lassen Sie es uns ausarbeiten. Wie viele könnten Sie zusammenbekommen? Sollen wir sagen zwanzig-, dreißigtausend. Ein paar Regimenter guter Truppen, der Rest – pfuit – Wehrpflichtige, bewaffnete Bürger. Wie nennt Ihr sie – Freiwillige?“

„Tapfere Männer!“ rief ich.

„Oh ja, sehr tapfere Männer, aber Dummköpfe. Ah, mon Dieu, es ist unglaublich, was für Dummköpfe sie sein würden! Nicht diese allein, ich meine, sondern alle unerfahrenen Truppen. Sie haben so viel Angst davor, Angst zu haben, daß sie unvorsichtig wären. Ja, ich habe erlebt das in Spanien. Ich habe gesehen, wie ein ganzes Bataillon aus Freiwilligen angriff eine Batterie mit zehn Kanonen. Und hinauf stürmten sie, ach, so tapfer, und bald darauf der ganze Hang sah aus, von dort wo ich stand, wie ein – wie Sie es nennen auf Englisch? – ein Himbeertörtchen. Und wo es war nun geblieben, unser feines Freiwilligenbataillon? Dann ein weiteres Bataillon versuchte es, mit unerfahrenen Soldaten, alle auf einmal im Sturm, schießend und schreiend; doch was wird Schreien ausrichten können gegen den Kugelhagel einer Mitraille[20]? Und so unser zweites Bataillon lag niedergekämpft, verstreut auf dem Hang.

20 Mitraille: Kartätsche, mit Bleikugeln gefülltes, auf kurze Entfernungen verwendetes Artilleriegeschoß.

Dann bekamen die Jäger der Garde, alles erfahrene Soldaten, den Befehl, die Batterie zu nehmen; und da war nichts Elegantes an ihrem Vorrücken – keine Formation, kein Geschrei, niemand getötet –, nur ein paar vereinzelte Reihen Tirailleurs und Pelotons[21] zur Unterstützung; nach nur zehn Minuten die Kanonen schwiegen, und die spanischen Kanoniere waren in Stücke gehauen. Krieg muß man lernen, mein junger Freund, genauso wie die Aufzucht von Schafen."

„Pah!" antwortete ich, der ich mich nicht von einem Fremden auslachen lassen wollte. „Wenn wir dreißigtausend Mann dort drüben auf dem Kamm des Hügels liegen hätten, so sollten Sie sich glücklich schätzen, Ihre Barkassen hinter sich zu wissen."

„Auf dem Kamm des Hügels?" sagte er, mit einem Funkeln in den Augen den Grat entlang blickend. „Ja, wenn Ihr Mann versteht sein Geschäft, so würde er liegen haben seinen linken Flügel etwa bei Ihrem Haus, seine Mitte bei Corriemuir, und seinen rechten Flügel nahe des Doktors Haus, mit reichlich Tirailleurs in der vordersten Linie. Seine Reiterei, natürlich, würde versuchen, uns am Ausschwärmen auf dem Strand zu hindern. Aber lassen Sie uns erst einmal formiert haben, dann wir bald wissen sollten, was zu tun ist. Dort ist der schwache Punkt, dort der Einschnitt. Ich würde ihn mit meinen Kanonen säubern, dann führen heran meine Kavallerie, die Infanterie in breiten Formationen nachschieben, und dieser Flügel würde sich in Luft auflösen. Äh, Jack, und wo wären dann Ihre Freiwilligen?"

„Direkt im Rücken Ihrer Nachhut", antwortete ich; und wir beide brachen in ein herzliches Gelächter aus, mit welchem derartige Diskussionen meistens endeten.

---

21 Peloton: französisch: kleiner Haufen, bei der französischen Armee eine Truppeneinheit mit etwa 30 bis 40 Soldaten.

Manches Mal, wenn er sprach, dachte ich, er würde scherzen, und dann wieder, bei anderen Gelegenheiten, war es nicht so leicht zu sagen. Ich erinnere mich noch gut an einen Abend im Sommer, wie er, als er mit meinem Vater, Jim und mir in der Küche saß und nachdem die Frauen bereits zu Bett gegangen waren, über Schottland und seine Beziehung zu England zu sprechen begann.

„Sie pflegten doch mal zu haben Ihren eigenen König und Ihre eigenen Gesetze, welche wurden erlassen von Edinburgh“, sagte er. „Erfüllt es Sie nicht mit Wut und Verzweiflung, wenn Sie denken darüber, daß dies nun alles für Sie kommt von London?“

Jim nahm seine Pfeife aus dem Mund.

„Wir waren es doch, die unseren König den Engländern gegeben haben; wenn also jemand wütend sein sollte, dann doch die da drüben“, sagte er.

Das war offensichtlich etwas Neues für den Fremden, denn es brachte ihn für einen Moment zum Schweigen.

„Aber Ihre Gesetze wurden doch gemacht dort, und dies sicherlich ist doch nicht gut“, begann er wieder.

„Nein, es wär’ schon gut, wenn wir wieder ’n Parlament in Edinburgh hätten“, sagte mein Vater, „aber ich bin so beschäftigt mit den Schafen, daß mir nich’ genug Zeit bleibt, um über solche Dinge nachzudenken.“

„Es ist an ordentlichen jungen Männern wie euch beiden, darüber nachzudenken“, antwortete de Lapp. „Wenn einem Land Unrecht geschieht, dann ist es die Aufgabe seiner jungen Männer, zu rächen dieses.“

„Aye, die Engländer sind schon manchmal n’ bißchen selbstherrlich“, sagte Jim.

„Nun, wenn darüber denken würden viele so, warum sollte man sie nicht zusammenfassen zu Bataillonen, und sie marschieren lassen auf London?“ rief de Lapp.

„Das wäre ein selten feiner Spaß“, sagte ich lachend. Und wer würde uns anführen?“

Er sprang auf, verbeugte sich, mit der Hand auf seinem Herzen, auf seine komische Art.

„Wenn Sie mir erlauben zu haben die Ehre!“ rief er; und dann, als er bemerkte, daß wir alle lachten, begann auch er zur lachen, doch ich bin mir sicher, daß er dabei keinen Spaß im Sinne gehabt hatte.

Ich hatte nie einschätzen können, wie alt er war, und auch Jim Horscroft nicht. Manchmal dachten wir, daß er schon ein älterer Mann sei, der nur jünger aussah, und bei anderer Gelegenheit wiederum, daß er ein junger Mann sei, der alt ausschaute. Sein braunes, drahtiges, kurzgeschnittenes Haar brauchte oben keinen Schnitt mehr, wo es bereits ausgedünnt war und die Kopfhaut hindurchschien. Seine Haut war durchzogen von tausend kleinen Falten, einzelnen, oder miteinander verwobenen, und von der Sonne verbrannt, wie ich ja bereits berichtete. Dennoch war er geschmeidig wie ein Junge, und zäh wie Fischbein, wanderte alle Tage über die Hügel oder ruderte auf dem Meer, ohne mit der Wimper zu zucken. Im Großen und Ganzen dachten wir uns, daß er etwa vierzig oder fünfundvierzig sein könnte, obwohl wir uns nur schwer vorstellen konnten, wie er in dieser Zeit so viel vom Leben gesehen haben konnte. Doch eines Tages sprachen wir vom Alter, und dabei überrasche er uns.

Ich hatte gesagt, daß ich eben zwanzig war, und Jim, daß er siebenundzwanzig sei.

„Dann bin ich wohl der Älteste von uns dreien“, sagte de Lapp. Darüber lachten wir, denn nach unserer Berechnung hätte er beinahe unser Vater sein können.

„Aber um gar nicht so viel“, sagte er, und zog dabei seine Brauen hoch. „Im Dezember ich bin neunundzwanzig geworden.“

Und so war es diese Tatsache, die uns mehr noch als seine Erzählungen verstehen ließ, was für ein außergewöhnliches Leben es gewesen sein mußte, welches er bis dato geführt hatte. Er sah unser Erstaunen und lachte darüber.

„Ich habe gelebt! Ich habe gelebt!“ rief er. „Damit ich habe meine Tage und Nächte verbracht. Ich führte eine Kompanie in einer Schlacht, an der fünf Nationen waren beteiligt, als ich war vierzehn. Ein König wurde blaß von den Worten, welche ich ins Ohr ihm flüsterte, da ich war zwanzig. Meine Hand ich hatte im Spiel bei der Neuordnung eines Königreiches und der Einsetzung eines neuen Königs auf einen großen Thron in dem Jahr, in welchem ich wurde volljährig. Mon Dieu, ich habe mein Leben gelebt!“

Das war das meiste, was ich ihn jemals zu seiner Vergangenheit bekennen hörte, und er schüttelte jedesmal den Kopf und lachte nur, wenn ich versuchte, etwas mehr aus ihm herauszubringen.

Es gab Zeiten in denen wir dachten, daß er nichts weiter als ein cleverer Betrüger sei; denn warum sollte ein Mann von solchem Einfluß und Talent hier in Berwickshire herumlungern? Doch eines Tages kam es zu einem Vorfall, der uns zeigte, daß er in der Tat ein Mann mit Vergangenheit war.

Ihr werdet Euch erinnern, daß es da einen alten Offizier auf unserer Halbinsel gab, der nicht weit von uns entfernt lebte, derselbe, welcher mit seiner Schwester und den beiden Dienstmädchen um das Freudenfeuer getanzt war. Er war nach London gereist, um einige Dinge zu regeln, seine Pension und sein Verwundetengeld betreffend, und um die Möglichkeit zu prüfen, ob man nicht wieder etwas Arbeit für ihn hätte, so daß er nicht vor dem späten Herbst zurück war. An einem der ersten Tage nach seiner Rückkehr kam er hinunter, um uns einen Besuch abzustatten und traf dabei erstmals auf de Lapp. Noch nie in meinem Leben hatte ich ein so erstauntes Gesicht gesehen; und er starrte unseren Freund minutenlang an, ohne auch nur ein einziges Wort. De Lapp musterte ihn gleichermaßen streng, aber es gab kein Erkennen in seinen Augen.

„Ich weiß nicht, wer Sie sind, Sir“, sagte er schließlich, „aber Sie schauen mich an, als hätten Sie mich schon einmal gesehen.“

„Das habe ich auch“, antwortete der Major.

„Ich kann mich nicht erinnern.“

„Aber ich könnte es beschwören!“

„Wo denn?“

„In dem Ort Astorga, im Jahre 1808.“

De Lapp sah unseren Nachbarn wieder und wieder an.

„Mon Dieu, was für ein Zufall“, rief er. „Und Sie waren der englische Unterhändler? In der Tat, ich mich erinnere nun sehr gut, Sir. Kommen Sie, lassen Sie mich Ihnen etwas anvertrauen.“

Er nahm ihn zur Seite und sprach mit ihm sehr ernst, eine Viertelstunde lang, auf Französisch, gestikulierte dabei mit seinen Händen und erklärte etwas, während der Major mit seinem alten, ergrauten Haupt von Zeit zu Zeit nickte. Schließlich schienen sie zu einer Übereinkunft gekommen zu sein, und ich hörte den Major mehrere Male sagen „Parole a'honneur“[22] und danach „Fortune de la guerre“[23], was ich ganz gut verstehen konnte, denn sie gaben einem eine feine Ausbildung an Birthwistle's School. Aber nach diesem Zusammentreffen stellte ich immer wieder fest, daß der Major niemals in der gleichen ungezwungenen Art mit unserem Untermieter sprach, wie wir es taten, sondern sich leicht ver-

22 Parole a'honneur: Bei meiner Ehre.
23 Fortune de la guerre: Schicksal des Krieges.

beugte, wenn er das Wort an ihn richtete und ihn mit einer außergewöhnlichen Form des Respektes behandelte. Ich fragte den Major mehr als einmal, was er denn über ihn wisse, doch er brach das Thema immer ab, und ich bekam keine Antwort aus ihm heraus.

Jim Horscroft war den ganzen Sommer über zu Hause, doch spät im Herbst ging er für das Wintersemester wieder zurück nach Edinburgh, und da er vorhatte, sehr hart zu arbeiten, um im nächsten Frühling wenn möglich seinen Doktorgrad zu bekommen, sagte er, daß er über Weihnachten dort bleiben wolle. So gab es ein großes Abschiednehmen zwischen ihm und Cousine Edie, und er versicherte ihr bei dieser Gelegenheit, sie zu heiraten, sobald er das Recht erlangt hatte, zu praktizieren. Ich kannte keinen Mann, der eine Frau so innig liebte, wie er sie liebte, und auf eine gewisse Art liebte sie ihn auch – denn, tatsächlich würde sie in ganz Schottland keinen besser aussehenden Mann finden –, aber als das Wort heiraten fiel, so glaube ich, daß sie leicht zuckte bei dem Gedanken, daß all ihre wundervollen Pläne in nichts weiter enden sollten, als die Ehefrau eines Landarztes zu sein. Noch gab es nur Jim und mich, und sie wählte den besseren von uns.

Natürlich gab es da auch noch de Lapp; aber wir hatten immer das Gefühl, daß er einer ganz anderen Schicht angehörte als wir, und so zählte er nicht. Ich war mir nie ganz sicher, ob Edie sich etwas aus ihm machte oder nicht. Als Jim zu Hause war, nahm sie nur wenig Notiz von de Lapp. Als er abgereist war, traf man sie häufiger zusammen, was aber nicht ungewöhnlich war, denn Jim hatte zuvor fast ihre ganze Zeit in Anspruch genommen. Das eine oder andere Mal sprach sie über de Lapp so, als würde sie ihn nicht leiden können, und doch war sie besorgt, wenn er am Abend nicht zu Hause war; und es gab niemanden, der es mehr liebte, ihm zuzuhören, oder so viele Fragen an ihn richtete, wie sie. Sie ließ ihn beschreiben, was Königinnen trugen, auf was für Teppichen sie schritten, ob sie Haarnadeln in ihren Haaren und wieviel Federn sie wohl an ihren Hüten hätten, bis ich mich fragte, wie er auf all das eine Antwort finden konnte. Und doch, er hatte immer eine Antwort und war so schlagfertig und wortgewandt und so besorgt darum, sie zu amüsieren, daß es mich wunderte, woran es lag, daß sie ihn nicht besser leiden konnte.

Nun, der Sommer, der Herbst und der größte Teil des Winters vergingen, und immer noch waren wir alle sehr glücklich zusammen. Wir kamen gut ins Jahr 1815, der große Kaiser saß noch immer verbittert auf Elba; und alle Gesandten in Wien stritten darüber, was denn zu tun sei mit der Haut des Löwen, nun, nachdem sie ihn gerechterweise zur Strecke gebracht hatten. Und wir, in unserem unbedeutenden Winkel Europas, machten mit unseren kleinen, friedlichen Geschäften weiter, hüteten unsere Schafe, waren auf den Viehmärkten in Berwick vertreten und saßen abends plaudernd am lodernden Torffeuer. Wir dachten doch niemals, daß das, was all diese hohen und mächtigen Herren taten, irgend einen Einfluß auf uns haben könnte; und was den Krieg betraf, worüber sich doch alle einig waren, der große Schatten nun für immer von uns genommen sei, sofern die Alliierten sich nicht untereinander zerstritten, in den kommenden fünfzig Jahren nie wieder ein Schuß in Europa fallen würde.

Wie auch immer, es gab einen Vorfall, welcher mir noch sehr deutlich im Gedächtnis geblieben ist. Ich denke, es hat sich etwa im Februar jenes Jahres zugetragen, und ich werde Euch davon berichten, bevor ich mit anderen Dingen fortfahre.

Ich bin mir sicher, Ihr wißt, was die Grenzkastelle sind, da habe ich keinen Zweifel. Sie waren quadratische Bauten, überall im Lande entlang der Grenze errichtet, welche der Bevölkerung etwas Schutz boten gegen Plünderer und Mosstroopers[24]. Als Percy[25] und seine Männer noch über das Land herrschten, da trieben die Menschen einen Teil ihres Viehs in den Innenhof dieser Festungen, schlossen das große Tor und entzündeten in einer Feuerschale auf dem Turm ein Signalfeuer, welches von allen anderen Grenztürmen beantwortet wurde, bis die Lichter hinauf bis zu den Lammermuir Hills brannten und so die Nachricht weitergetragen wurde bis zu den Pendlands[26] und nach Edinburgh. Aber nun, natürlich, waren all diese alten Fluchtburgen windschief und verfallen und boten nur noch ausgezeichnete Nistplätze für Wildvögel. Manches schöne Ei in meiner Sammlung, stammt aus dem Corriemuir-Grenzturm.

Eines Tages hatte ich eine wirklich lange Wanderung unternommen, um eine Nachricht hinüber zu den Laidlaw-Armstrongs zu bringen, welche zwei Meilen entfernt auf dieser Seite von Ayton lebten. Gegen fünf Uhr, es war gerade vor Sonnenuntergang, befand ich mich auf dem Hügelpfad mit dem bereits hervorlugenden Dachgiebel von West Inch vor mir und dem alten Grenzturm zu meiner Linken. Ich hielt meinen Blick einen Moment auf ihn gerichtet, weil er so schön aussah im vollen Glanz der untergehenden Sonne und dem sich dahinter erstreckenden blauen Meer; und als ich so hinüber starrte, da sah ich plötzlich das Gesicht eines Man-

24 Mosstroopers: Räuber, die während und nach der Zeit des Commonwealth in Schottland ihr Unwesen trieben.

25 Henry Percy, 2. Baron Percy of Alnwick; auch Henry de Percy; * 1301; † 26. Februar 1352 in Warkworth Castle.

26 Pendlands: Pendland Hills, eine Hügelkette südwestlich von Edinburgh.

nes für einen kurzen Augenblick in einem der Mauerlöcher aufblitzen.

Ich stand da und wunderte mich darüber, denn was sollte jemand an solch einem Ort zu tun haben, jetzt, wo es für die Nestsaison noch zu früh war. Es war so seltsam, daß ich mich entschloß, der Sache auf den Grund zu gehen; deshalb wand ich mich, obwohl ich sehr müde war, von meinem Nachhauseweg ab und ging eilig auf den Turm zu. Das Gras reichte bis fast an seine Grundmauern heran, und meine Schritte machten deshalb nur wenig Geräusche, bis ich den zerbröckelten Bogen erreichte, wo früher das alte Tor gewesen war. Vorsichtig schaute ich hinein, und da stand Bonaventure de Lapp im Inneren und lugte gerade durch das selbe Loch hindurch, in welchem ich das Gesicht gesehen hatte. Er stand halb von mir abgewandt und es war klar, daß er mich noch nicht bemerkt hatte, weil er angestrengt in die Richtung von West Inch schaute. Als ich vorwärtsschritt, knirschte der Schutt, der im Torbogen lag, und er fuhr mit einem Sprung herum und starrte mich an. Er war nicht der Mann, den man aus der Fassung bringen konnte, und sein Gesichtsausdruck veränderte sich nicht mehr, als wenn er mich hier seit Jahr und Tag erwartet hätte; doch es lag etwas in seinem Blick, daß mir verriet, er hätte alles dafür gegeben, mich wieder auf dem Hügelpfad zu wissen.

„Holla!“ sagte ich, „was machen Sie denn hier?“

„Das ich könnte Sie auch fragen“, antwortete er.

„Ich kam hier hoch, weil ich Ihr Gesicht dort in dem Mauerdurchbruch gesehen habe.“

„Und ich, wie Sie sich vielleicht noch gut erinnern, weil mich interessiert alles Militärische, und, natürlich Festungen gehören dazu. Wenn Sie mich entschuldigen für einen Moment, mein lieber Jack.“

Und er stieg plötzlich durch die Öffnung in der Mauer, so daß ich ihn nicht mehr sehen konnte.

Aber ich war viel zu neugierig, um ihn einfach so zu entschuldigen. Ich trat schnell hinüber, um zu sehen, was er dort trieb. Er stand draußen und winkte wild, so als gäbe er jemandem ein Zeichen.

„Was machen Sie?“ rief ich; und dann, hinaus an seine Seite laufend, schaute ich über das Moor, um zu sehen, wem er Zeichen gab.

„Sie gehen zu weit, Sir“, sagte er ärgerlich; „ich hätte nicht gedacht, daß Sie gehen würden so weit. Ein Gentleman hat die Freiheit zu tun, wie ihm beliebt, ohne daß Sie ihm spionieren nach. Wenn wir wirklich Freunde sind, so haben Sie sich nicht einzumischen in meine Angelegenheiten.“

„Ich mag dieses geheimnisvolle Getue nicht“, antwortete ich, „und meinem Vater wird es auch nicht gefallen.“

„Ihr Vater kann sprechen für sich selbst, und: es gibt kein Geheimnis“, sagte er kurz. „Sie sind es, mit Ihrer Einbildung, welche macht daraus ein Geheimnis. Ach was, ich habe keine Geduld mit solcher Dummheit.“

Und mit nicht mehr als einem Kopfnicken wandte er mir den Rücken zu und schritt eilig in Richtung West Inch davon.

Nun, ich folgte ihm, und das in übelster Stimmung, denn ich hatte das Gefühl, daß irgendein Unheil in der Luft lag, und doch konnte ich mir im Leben nicht denken, was das alles zu bedeuten hatte. Wieder erwischte ich mich dabei, wie ich über das geheimnisvolle Erscheinen dieses Mannes grübelte und seinen langen Aufenthalt bei uns. Und wen könnte er am Grenzturm zu treffen erwartet haben? War dieser Bursche ein Spion, und war es vielleicht ein Komplize, der dort hinkommen und mit ihm sprechen wollte? Aber das war absurd. Was könnte man in Berwickshire schon ausspionieren? Und außerdem, Major Elliot wußte alles über ihn, und er würde ihm nicht solchen Respekt entgegenbringen, wenn da etwas nicht in Ordnung wäre.

Ich war mit meinen Gedanken gerade bis dahin gekommen, als ich ein fröhliches „Hallo" hörte, und da kam der Major höchstpersönlich von seinem Haus her den Hügel herunter, mit seiner großen Bulldogge Bounder an der Leine. Dieser Hund war ein wildes Tier und zeichnete hier in der Gegend schon für mehr als nur ein Unglück verantwortlich; doch der Major liebte ihn sehr und würde niemals ohne ihn ausgehen, weshalb er ihn angeleint hielt mit einem guten, dicken Lederriemen. Nun, gerade als ich nach dem Major schaute und wartete, bis er herankam, stolperte er mit seinem lahmen Bein über einen Ginsterzweig, und um sich selbst zu schützen, ließ er die Leine fahren. Sogleich flog diese Bestie von einem Hund den Hang hinunter in meine Richtung.

Das gefiel mir nicht sonderlich, das kann ich Euch sagen, denn es gab weder einen Stock noch einen Stein in meiner Nähe, und ich wußte, daß der Bursche gefährlich war. Der Major schrie ihm hinterher, und ich vermute, die Bestie dachte, sein Herr wolle ihn antreiben, so wütend kam er angestürmt. Doch ich kannte ja seinen Namen, und ich hoffte, das würde ihn an unsere Bekanntschaft erinnern; als er also auf mich zukam, mit gesträubtem Fell und gefletschten Zähnen zwischen seinen blutunterlaufenen Augen, rief ich „Bounder! Bounder!" aus vollen Lungen. Das zeigte seine Wirkung, denn das Biest zog knurrend an mir vorbei und raste weiter den Pfad hinunter, den Spuren Bonaventure de Lapps folgend.

Dieser drehte sich auf mein Schreien hin um und schien die ganze Situation mit einem Blick zu erfassen, doch er schlenderte so gemütlich weiter wie zuvor. Mein Herz schlug mir bis zum Hals, denn der Hund hatte ihn noch nie zuvor gesehen, und so rannte ich, so schnell mich meine Füße tragen wollten, um ihn von unserem Gast fernzuhalten. Doch irgendwie, als er kurz aufschaute und die schnippenden Finger bemerkte, welche de Lapp hinter seinem Rücken hielt, da erstarb sein Zorn ganz plötzlich, und wir sahen, wie er mit seinem kleinen Stummelschwanz wedelte und sich an de Lapps Knie rieb.

„Ist das da Ihr Hund, Major?“ fragte er, als sein Besitzer herangehumpelt kam. „Ach, es ist ein feines Tier – ein feiner, prächtiger Bursche!“

Der Major schnappte mächtig nach Luft, denn er hatte die Strecke beinahe so schnell zurückgelegt wie ich.

„Ich fürchtete schon, er habe Sie verletzt“, keuchte er.

„Ach was“, rief de Lapp. „Er ist ein prächtiger, freundlicher Kerl; ich mochte Hunde schon immer. Doch ich bin froh, daß ich Sie habe getroffen, Major, denn hier dieser junge Gentleman, dem ich verdanke so viel, befindet sich in dem Glauben, ich sein ein Spion. Ist es nicht so, Jack?“

Ich war so erstaunt über seine Worte, daß ich meine Zunge nicht zu einer Antwort bewegen konnte, aber ich wurde rot und schaute dümmlich drein, wie ein unbeholfener Bursche vom Lande, der ich ja auch war.

„Sie kennen mich, Major“, sagte de Lapp, „und ich bin sicher, Sie werden ihm sagen, daß das nicht sein kann.“

„Nein, nein, Jack! Wirklich nicht! Wirklich nicht!“ rief der Major.

„Ich danke Ihnen“, sagte de Lapp. „Sie kennen mich, und Sie lassen mir Gerechtigkeit widerfahren. Und Sie, ich hoffe, daß es geht Ihrem Knie besser und daß Sie bald wieder erhalten werden ein Regiment."

„Ich bin wieder einsatzbereit", antwortete der Major, „aber die werden für mich keine Verwendung mehr haben, es sei denn, es ist Krieg, aber in meiner Zeit wird es keinen Krieg mehr geben."

„Oh, Sie glauben das?" sagte de Lapp mit einem Lächeln. „Nun, nous verrons! Wir werden seh'n, mein Freund!"

Er klopfte auf seinen Hut, drehte sich rasch um, und marschierte in Richtung West Inch davon. Der Major schaute ihm mit sorgenvollem Blick nach und fragte mich dann, was mich auf den Gedanken gebracht habe, anzunehmen, er sei ein Spion. Als ich es ihm erzählte, sagte er nichts, aber er schüttelte den Kopf, und sah aus wie ein Mann, der etwas sehr Beunruhigendes gehört hat.

8. Die Ankunft des Kutters

Mein Verhältnis zu unserem Untermieter war nie mehr ganz dasselbe nach dem kleinen Zwischenfall am Grenzturm. Immerzu ging es mir durch den Kopf, daß er ein Geheimnis vor mir verbarg – besser noch, daß er selbst ein einziges Geheimnis war und ein einziger Schleier über seiner Vergangenheit lag. Und wenn sich der Schleier zufällig einmal für einen Augenblick lüftete, dann erhaschten wir immer nur einen kurzen Blick auf etwas Blutiges, Gewalttätiges und Schreckliches. Allein der Anblick seines Körpers war furchtbar. Einmal im Sommer badete ich mit ihm und sah, daß er überall von alten Wunden bedeckt war. Neben sieben oder acht Narben und Schmarren waren seine Rippen auf der einen Seite ganz deformiert, und aus einer seiner Waden war ein Stück herausgerissen worden. Er lachte in seiner heiteren Art, als er mein erstauntes Gesicht sah.

„Kosaken! Kosaken!“ sagte er, während er sich mit der Hand über die Narben strich. „Und die Rippen brachen durch einen Munitionswagen der Artillerie. Es ist nicht sehr angenehm, wenn man wird überrollt von Kanonen. Bei der Kavallerie das ist anders. Ein Pferd achtet darauf, wohin es setzt seine Hufe, egal wie schnell es ist. Ich bin einmal von über fünfzehnhundert Kürassieren und den Russischen Husaren von Grodno überritten worden, und ich hatte davongetragen keinen Schaden. Aber Kanonen sind sehr schlimm.“

„Und die Wade“, fragte ich.

„Pah, das ist nur der Biß von einem Wolf“, antwortete er. „Sie werden nicht glauben, wie es gekommen ist dazu! Sie können sich denken, mein Pferd und ich erhalten haben einen Treffer; das Pferd getötet dabei und ich mit meinen gebrochenen Rippen vom Munitionswagen. Nun, es war kalt – oh, bitter, bitter kalt –, der Boden wie Eisen, und niemand, um zu helfen den Verwundeten, so daß diese gefroren wurden zu solchen Figuren, daß es Sie gebracht hätte zum Schmunzeln. Ich spürte, wie ich auch gefror, so, was sollte ich tun? Ich nahm mein Schwert und öffnete damit den Leib meines geliebten Pferdes, so gut ich es konnte, und schaffte Platz in ihm, um zu liegen darin, mit einer kleinen Öffnung für meinen Mund. Sapristi! Schön warm es war darin. Aber es war nicht Platz genug, damit ich paßte vollständig hinein, und so meine Füße und etwas von meinen Beinen steckte draußen. Dann, in der Nacht, als ich schlief, die Wölfe kamen, um das Pferd zu fressen, und so sie erwischten auch einen kleinen Happen von mir, wie Sie können sehen; doch danach ich hielt Wache, mit meinen Pistolen, und sie bekamen nichts mehr von mir. So ich lebte dort, sehr warm und angenehm, zehn Tage lang.“

„Zehn Tage!“ rief ich. „Was haben Sie gegessen?“

„Nun, was wohl, ich aß das Pferd. Es war, wie Sie nennen es, Kost und Logis für mich. Aber natürlich, ich aß nur die Beine, und lebte in seinem Körper. Es gab sehr viel Tote um mich herum, die alle ihre Wasserflaschen hatten am Mann, so ich hatte alles, was ich mir wünschen konnte. Und am elften Tag kam eine Patrouille der Leichten Kavallerie, und alles war gut.“

Es waren solche gelegentlichen Gespräche wie dieses – welche es kaum wert sind, sie hier alle zu wiederholen –, die ein wenig über ihn und seine Vergangenheit ans Tageslicht brachten. Aber es kam der Tag, an dem wir alles über ihn erfahren sollten, und wie es dazu kam, das werde ich Euch nun berichten.

Der Winter war ein trüber gewesen, doch mit dem März kamen die ersten Anzeichen des Frühlings, und schon eine ganze Woche lang hatten wir Sonnenschein und südliche Winde. Am siebten März sollte Jim aus Edinburgh zurückkehren; sein Semester endete zwar bereits am ersten, doch seine Prüfung nahm ihn noch eine Woche in Anspruch. Am sechsten März machten Edie und ich einen Spaziergang am Strand, und ich konnte von nichts anderem sprechen als von meinem alten Freund – denn tatsächlich war er der einzige Freund in meinem Alter, den ich in diesen Tagen hatte. Edie war sehr still, was sehr selten bei ihr vorkam, aber sie lauschte lächelnd all dem, was ich zu sagen hatte.

„Armer alter Jim", sagte sie ein- oder zweimal mit einem Seufzer. „Armer alter Jim!"

„Und wenn er bestanden hat", sagte ich, „na, dann wird er natürlich eine Praxis eröffnen und sein eigenes Haus haben, und wir werden unsere Edie verlieren."

Ich hatte versucht, einen Scherz daraus zu machen und leicht daherzureden, doch die Worte blieben mir beinahe im Halse stecken.

„Armer alter Jim", sagte sie wieder, und sie hatte Tränen in den Augen, als sie es sagte. „Und armer alter Jock", fuhr sie fort, und während wir gingen, rutschte ihre Hand in die meine. „Du hast mich doch auch mal ein klein wenig geliebt, war es nicht so, Jock? Oh, ist das nicht ein süßes kleines Schiff dort draußen!"

Es war ein stattlicher Kutter von dreißig Tonnen, sehr schnell, nach der Neigung der Masten und der Linienführung seines Bugs zu schließen. Er kam vom Süden heran, unter Stagsegel, Vorsegel und Großsegel, aber gerade, als wir ihn entdeckten, wurde das ganze weiße Segeltuch plötzlich eingeholt, als schlösse eine Klippenmöwe ihre Schwingen , und wir sahen das Aufspritzen des fallenden Ankers unter seinem Bugspriet. Er mochte eher weniger als eine Viertelmeile von der Küste entfernt liegen – so nah, daß ich einen großen Mann mit einer Schirmmütze erkennen konnte, der auf dem Achterdeck stand, mit einem Fernrohr am Auge, welches er die Küste herauf und herunter schweifen ließ.

„Was können die hier wohl wollen?“ fragte Edie.

„Das sind reiche Engländer aus London“, sagte ich, denn damit erklärten wir alles, was unser Verständnis überstieg hier in den Grenzgrafschaften. Wir standen noch gut eine Stunde da und beobachteten das hübsche Schiff, und dann, als die Sonne tief auf einer Wolkenbank lag und die Abendluft frisch wurde, gingen wir zurück nach West Inch.

Wenn man von vorne auf das Farmhaus zugeht, gelangt man zu einem Vorgarten, in dem nur wenig wächst und den man durch ein Gartentor von der Straße her betritt; das selbe Tor, an dem wir in der Nacht standen, als die Signalfeuer entzündet wurden, der Nacht, in der wir Walter Scott auf seinem Weg nach Edinburgh vorbeireiten sahen. Auf der rechten Seite dieses Tores, auf der Gartenseite, gab es so etwas wie einen Steingarten, von dem gesagt wurde, die Mutter meines Vaters habe ihn vor vielen Jahren einmal angelegt. Sie hatte ihn mit Kieselsteinen und Muscheln ausgestaltet, mit Moosen und Farnen in den Ritzen. Nun, als wir durch dieses Tor kamen, fiel mein Blick auf diesen Steinhaufen, in dem, ganz oben ein Brief an einem gespaltenen Holzstab steckte. Ich machte einen Schritt nach vorn, um zu sehen, was das für ein Brief war, doch Edie kam mir zuvor, schnappte ihn sich und ließ ihn in ihrer Tasche verschwinden.

„Der ist für mich“, sagte sie lachend. Aber ich stand da und schaute sie an, mit einem Blick, welcher Ihr das Lachen von den Lippen wischte.

„Von wem ist er?“ fragte ich.

Sie errötete, aber gab keine Antwort.

„Von wem ist er, Frau?“ rief ich. „Ist es denn möglich, daß du Jim gegenüber genauso unaufrichtig warst wie mir gegenüber?“

„Wie unverschämt du bist, Jock!“ schrie sie. „Ich wünschte, du würdest dich um deine eigenen Angelegenheiten kümmern!“

„Da gibt's nur eine Person, von der er sein kann“, rief ich. „Es ist dieser Kerl de Lapp!“

„Und einmal angenommen, du hättest recht, Jock?“

Die Kälte dieser Frau erstaunte und erzürnte mich.

„Dann gibst du es zu?“ rief ich. „Hast du denn überhaupt kein bißchen Schamgefühl mehr?“

„Warum sollte ich denn keine Briefe von diesem Gentleman erhalten?“

„Weil es ungebührend ist.“

„Und warum?“

„Weil er ein Fremder ist.“

„Ganz im Gegenteil“, sagte sie, „er ist mein Ehemann!“

9. Die Geschehnisse auf West Inch

Ich kann mich sehr gut an diesen Moment erinnern. Ich habe von anderen gehört, ein gewaltiger, plötzlicher Schlag hätte ihre Sinne getrübt. Bei mir war das nicht so. Ganz im Gegenteil, ich sah, hörte und dachte viel klarer, als ich es jemals zuvor getan hatte. Ich erinnere mich noch, daß mein Blick auf ein kleines Klümpchen aus Marmor fiel, nicht größer als meine Handfläche, welches in einen der grauen Steine des Steingartens eingebettet war, und ich fand die Zeit, seine zarte gefleckte Färbung zu bewundern. Und doch muß der Ausdruck meines Gesichtes etwas sehr Befremdliches gehabt haben, denn Cousine Edie schrie auf, ließ mich stehen und rannte ins Haus. Ich folgte ihr und klopfte an das Fenster ihres Zimmers, denn ich konnte sehen, daß sie dort war.

„Geh weg, Jock, geh weg!“ schrie sie. „Du willst mich ausschimpfen! Aber ich möchte nicht ausgeschimpft werden. Ich werde das Fenster nicht öffnen! Geh weg!“

Doch ich klopfte weiter.

„Ich muß mit dir sprechen.“

„Worüber denn?“ rief sie, während sie das Fenster für einen kleinen Spalt anhob. „In dem Moment, wo du anfängst zu schimpfen, werde ich es schließen.“

„Bist du wirklich verheiratet, Edie?“

„Ja, ich bin verheiratet.“

„Wer hat euch getraut?“

„Pater Brennan, in der Katholischen Kapelle in Berwick.“

„Bist du nicht Presbyterianerin?“

„Er wünschte, daß wir in einer Katholischen Kirche heiraten.“

„Wann war das?“

„Am vergangenen Mittwoch.“

Ich erinnerte mich daran, daß sie an diesem Tag hinüber nach Berwick gefahren war, während de Lapp, wie er sagte, einen langen Spaziergang durch die Hügel gemacht hatte.

„Und was ist mit Jim?“

„Oh, Jim wird mir vergeben!“

„Du wirst sein Herz brechen und sein Leben ruinieren.“

„Nein, nein, er wird mir vergeben.“

„Er wird de Lapp umbringen! Ach Edie, wie konntest du nur solch eine Schande und solch einen Kummer über uns bringen?“

„Ach, nun schimpfst du!“ schrie sie, und das Fenster krachte zu.

Ich wartete einen Moment und klopfte wieder, denn ich hatte noch so viele Fragen an sie; doch sie antwortete nicht, und ich glaubte, daß ich sie schluchzen hören konnte. Schließlich gab ich es auf und wollte gerade ins Haus gehen, denn es war in der Zwischenzeit schon recht dunkel geworden, als ich das Klicken des Gartentores hörte. Es war de Lapp selbst.

Aber als er den Weg entlang kam, schien er mir entweder verrückt oder betrunken zu sein. Er vollführte ein paar Tanzschritte, während er ging, schnippte mit seinen Fingern in die Luft, und seine Augen funkelten wie zwei Irrlichter. „Voltigeurs!“ brüllte er; „Voltigeurs de la Garde!“, genauso wie an jenem Tag am Strand, bevor er die Besinnung verloren hatte; und dann plötzlich, „En avant! En avant!“[27] und er kam heran, seinen Spazierstock über seinem Kopf schwingend. Er hielt kurz inne, als er sah, wie ich ihn anschaute, und ich wage zu behaupten, daß er sich ein wenig schämte.

„Holla, Jock!“ rief er. „Ich dachte nicht, daß jemand wäre hier. Ich heute nacht bin, wie Sie es nennen, in Hochstimmung!“

„So scheint es“, erwiderte ich schlicht. „Sie werden vermutlich nicht mehr so gut gelaunt sein, wenn mein Freund Jim Horscroft morgen zurückkommt.“

„Ah, er kommt morgen zurück? Und warum sollte ich darüber meine gute Laune verlieren?“

„Weil, wenn ich ihn richtig einschätze, er Sie umbringen wird!“

„Na, na, na!“ rief de Lapp. „Ich sehe, daß Sie haben erfahren von unserer Hochzeit. Edie hat Ihnen erzählt. Jim kann tun, was ihm beliebt.“

„Sie haben uns ja einen feinen Gegendienst erwiesen dafür, daß wir Sie bei uns aufgenommen haben.“

„Mein guter Freund“, erwiderte er, „ich habe, wie Sie sagen ganz richtig, Ihnen sogar einen sehr feinen Gegendienst erwiesen. Ich habe befreit Edie aus einem Leben, daß ihrer ist unwürdig, und ich sie habe verbunden durch die Heirat mit einer adeligen Familie. Wie auch immer, ich habe noch zu schreiben einige Briefe heute abend, und den Rest können wir dann morgen besprechen, wenn Ihr Freund Jim dabei ist.“ Er schritt zur Tür.

„Und sie war es auch, auf die Sie am Grenzturm gewartet haben!“ rief ich, in plötzlicher Erkenntnis.

„Na, Jock, nun Sie werden ziemlich scharf“, antwortete er mit einem spöttischen Unterton, und einen Augenblick später hörte ich, wie sich die Tür seines

27 En Avant!: Vorwärts!

Zimmers schloß und der Schlüssel herumgedreht wurde.

Ich dachte, ich würde ihn an diesem Abend nicht mehr sehen, doch ein paar Minuten später kam er in die Küche, wo ich mit meinen alten Leuten saß.

„Madame", sagte er, sich verbeugend, mit der Hand auf dem Herzen, in seiner für ihn typischen Art, „ich traf auf so viel Freundlichkeit aus Ihren Händen, und das werde ich tragen für immer in meinem Herzen. Ich habe nicht gedacht, daß ich werden könnte auf dem ruhigen Land so glücklich, wie Sie mich gemacht haben. So akzeptieren Sie bitte dieses kleine Souvenir, und auch Sie, Sir, werden dieses kleine Geschenk annehmen, welches ich habe die Ehre, Ihnen zu überreichen."

Er stellte zwei kleine Päckchen neben sie auf den Tisch, und dann, mit drei weiteren Verbeugungen zu meiner Mutter, schritt er aus dem Raum.

Ihr Geschenk war eine Brosche, mit einem grünen Stein in der Mitte und einem Dutzend glänzender weißer Steine drumherum. Wir hatten so etwas noch nie zuvor gesehen und wußten nicht, wie man die Steine nannte; aber später einmal sagte man uns in Berwick, daß der große ein Smaragd sei, und die anderen Diamanten, und daß sie viel mehr wert waren als alle Lämmer, die wir in jenem Frühling hatten. Meine liebe alte Mutter ist nun schon viele Jahre nicht mehr unter uns und die hübsche Brosche funkelt jetzt am Hals meiner ältesten Tochter, wenn sie auf Gesellschaften geht; doch niemals kann ich sie ansehen, ohne dabei an die stechenden Augen, die spitze Nase und den Katzenschnurrbart unseres Gastes auf West Inch zu denken.

Für meinen Vater hatte er eine feine goldene Uhr mit einem Gehäuse zum Aufklappen; und er war ein so stolzer Mann, wie er so dasaß, mit ihr auf der flachen

Hand, sein Ohr ganz dicht daran, um nach ihrem Ticken zu horchen. Ich kann nicht sagen, wer von beiden mehr erfreut war, und sie sprachen nur noch davon, was de Lapp ihnen geschenkt hatte.

„Er hat euch noch etwas mehr geschenkt“, sagte ich schließlich.

„Was denn, Jock?“ fragte Vater.

„Einen Ehemann für eure Nichte Edie“, antwortete ich.

Sie dachten zuerst, daß ich sie veralbern wolle, als ich das sagte; doch als sie dann verstanden, daß es die reine Wahrheit war, da waren sie so stolz und so zufrieden, als hätte ich ihnen erzählt, sie hätte den Gutsherren geheiratet. Tatsächlich hatte der arme Jim bei all seiner Trinkerei und den Prügeleien, nicht den besten Namen in der Gegend und meine Mutter hatte schon oft gesagt, daß aus einer solchen Verbindung nichts Gutes erwachsen könne. Nun, de Lapp dagegen, war, soweit wir wußten, vernünftig, ruhig und wohlhabend.

Und was die Heimlichkeit anging, so waren heimliche Eheschließungen sehr verbreitet in Schottland zu einer Zeit, in der ein paar Worte genügten, um aus zwei Verliebten Mann und Frau zu machen, so daß sich niemand viel dabei dachte. Meine Eltern waren es mehr als zufrieden, so, als hätte man ihnen den Pachtzins gesenkt; doch mir war noch immer das Herz schwer, denn es schien, daß man meinem Freund grausam mitgespielt hatte, und ich wußte nur zu gut, daß er nicht der Mann war, der einfach so darüber hinweggehen würde.

10. Die Rückkehr des Schattens

Am nächsten Morgen erwachte ich mit schwerem Herzen, denn ich wußte, daß Jim in Kürze zu Hause sein und es ein Tag des Kummers werden würde. Doch wie groß der Kummer sein sollte, den dieser Tag brachte, oder wie weit er unser Leben verändern würde, war mehr, als ich mir je in meinen dunkelsten Momenten hatte denken können. Doch laßt mich Euch alles der Reihenfolge nach berichten, so, wie es sich zugetragen hat.

Ich hatte an jenem Morgen früh aufstehen müssen, denn es stand gerade der erste Wurf der Lämmer an, und mein Vater und ich wollten mit dem ersten Licht des Tages draußen auf den Hochmoorwiesen sein. Als ich in den Flur trat, schlug mir ein Luftzug ins Gesicht, denn die Haustür stand weit offen und das graue Tageslicht zeichnete ein Abbild von ihr auf die Innenwand. Und als ich genauer hinsah, da stand auch Edies Tür offen, und die von de Lapp ebenso, und mit einem Schlag wurde mir klar, was das Überreichen der Geschenke am Abend zuvor zu bedeuten hatte. Es war ein Abschiednehmen – und sie waren gegangen.

Mein Herz wurde verbittert über Cousine Edie, als ich dastand und in ihr Zimmer schaute. Daran denken zu müssen, daß sie uns alle um eines Außenstehenden willen verlassen konnte, ohne ein freundliches Wort oder wenigstens ein Händeschütteln. Und er ebenso! Ich hatte mich darum gesorgt, was wohl geschehen würde, wenn

Jim und er zusammenträfen; doch jetzt schien mir etwas Feiges darin zu liegen, wie er sich dieser Begegnung entzog. Ich war verärgert, verletzt und beleidigt, und ich ging nach draußen, ohne meinem Vater ein Wort zu sagen und eilte zum Hochmoor hinauf, um meinem geröteten Gesicht eine Abkühlung zu verschaffen.

Als ich oben am Corriemuir ankam, erhaschte ich noch einen letzten Blick auf Cousine Edie. Der kleine Kutter lag noch immer dort, wo er zuletzt geankert hatte, doch ein Ruderboot bewegte sich vom Strand aus auf ihn zu. An seinem Heck sah ich etwas Rotes flattern, und ich wußte, daß es ihr Schal war. Ich sah zu, wie das Boot die Jacht erreichte und die Leute an Deck kletterten. Dann wurde der Anker gelichtet, die weißen Schwingen spreizten sich wieder, und sie segelten direkt auf die offene See hinaus. Noch immer sah ich den kleinen roten Punkt an Deck, und de Lapp stand neben ihr. Sie konnten mich ebenfalls sehen, da sich meine Silhouette wohl gegen den Himmel abhob, und beide winkten mir lange zu, aber gaben es dann schließlich auf, als sie einsahen, daß ich ihnen nicht antworten würde.

Ich stand da, mit verschränkten Armen, so deprimiert wie noch niemals zuvor in meinem Leben, bis von ihrem Kutter nur noch ein kleines hüpfendes Quadrat im Nebel des Morgens zu sehen war. Bis ich wieder zu Hause war, war es bereits Zeit für das Frühstück, und der Porridge stand schon auf dem Tisch, doch meinem Herzen war so gar nicht nach Essen zumute. Die alten Leute dagegen hatten die Sache viel leichter aufgenommen, obwohl meiner Mutter sonst kein Wort zu hart für Edie war, denn die beiden hatten sich nie sehr gemocht, und das hatte sich in der letzten Zeit eher noch verschlimmert.

„Da ist ein Brief von ihm“, sagte mein Vater, und zeigte auf ein zusammengefaltetes Stück Papier auf dem Tisch; „er lag in seinem Zimmer. Vielleicht kannst du ihn uns vorlesen.“

Sie hatten ihn noch nicht geöffnet, denn, um ehrlich zu sein, beide konnten Handgeschriebenes nicht sehr gut lesen, während sie mit sauberem Großgedrucktem gut zurechtkamen.

Er war in großen Buchstaben adressiert an „Die guten Menschen von West Inch“, und dies war der Inhalt des Briefes, der fleckig und verblaßt vor mir liegt, während ich dieses hier schreibe:

Meine Freunde – ich hatte nicht gedacht, Sie verlassen zu müssen so plötzlich, doch der Grund hierfür lag in anderen Händen als den meinen. Pflicht und Ehre haben mich gerufen zurück zu meinen alten Kameraden. Dieses werden Sie verstehen ohne Zweifel, in nur wenigen Tagen. Ich nehme Edie mit mir als meine Frau, und es mag sein, daß wir werden uns einmal wiedersehen in friedlicheren Tagen auf West Inch. In der Zwischenzeit akzeptieren Sie die Versicherung meiner Zuneigung und glauben Sie mir, daß ich niemals werde vergessen die friedlichen Monate, welche ich verbrachte mit Ihnen, in einer Zeit, in der mein Leben allerhöchstens gewesen wäre eine Woche wert, hätten mich die Alliierten gefangen. Den Grund hierfür werden Sie eines Tages erfahren.

Ihr, BONAVENTURE DE LISSAC

(Colonel der Voltigeurs de la Garde und Adjutant seiner Majestät des Kaisers Napoleon)

Ich pfiff, als ich an diese Worte gelangte, die unter seinem Namen geschrieben standen, denn obwohl ich schon lange vermutet hatte, daß unser Gast niemand anderes sein konnte als einer dieser grandiosen Soldaten, von denen wir so viel gehört hatten, welche sich ihren Weg in jede Hauptstadt Europas erzwungen hatten, mit Ausnahme der unsrigen, so hätte ich doch niemals angenommen, daß wir Napoleons persönlichen Adjutanten und einen Colonel seiner Garde unter unserem Dach beherbergten.

„So", sagte ich, „de Lissac ist sein richtiger Name, und nicht de Lapp. Nun, Oberst oder nicht, es ist gut für ihn, daß er sich von hier davonmachte, bevor Jim Hand an ihn legen konnte. Und gerade noch zur rechten Zeit", fügte ich hinzu, als ich aus dem Küchenfenster schaute, „denn hier kommt er gerade höchstpersönlich durch den Garten."

Ich rannte zur Tür, um ihn in Empfang zu nehmen, mit dem Gefühl, daß ich doch alles dafür gegeben hätte, ihn wieder in Edinburgh zu wissen. Er kam angerannt, ein Papier über seinem Kopf schwenkend, und ich dachte, er habe vielleicht eine Nachricht von Edie bekommen und wüßte bereits alles. Doch als er näherkam, da sah ich, daß es ein großes gelbliches Pergament war, das knisterte, wenn er es schwenkte, und seine Augen tanzten vor Freude.

„Hurra, Jock!" rief er. „Wo ist Edie? Wo ist Edie?"

„Was ist denn los, Junge?" fragte ich.

„Wo ist Edie?"

„Was hast du da?"

„Das ist mein Diplom, Jock, ich kann anfangen zu praktizieren, wann immer ich will. Nun ist alles gut. Ich möchte es Edie zeigen."

„Es ist besser, wenn du Edie vergißt", sagte ich.

Niemals wieder habe ich das Gesicht eines Mannes sich derart verändern sehen wie das seine, als ich diese Worte sprach.

„Was! Was meinst du damit, Jock Calder?“ stammelte er.

Er ließ das kostbare Diplom fallen, während er sprach, und davon flog es, über die Hecke und über das Moor, wo es flatternd an einem Stechginsterbusch hängenblieb, doch er bemerkte es nicht einmal. Er starrte mich wie gebannt an, und in der Tiefe seiner Augen sah ich einen teuflischen Funken schimmern.

„Sie ist deiner nicht wert“, sagte ich.

Er packte mich bei den Schultern.

„Was hast du getan?“ flüsterte er. „Das ist doch einer von deinen Tricks! Wo ist sie?“

„Sie ist auf und davon mit dem Franzosen, der hier gewohnt hat.“

Ich hatte in Gedanken nach einer Möglichkeit gesucht, wie ich es ihm schonend beibringen konnte, doch fiel es mir schon immer schwer, die richtigen Worte zu finden, und so kam mir nichts Besseres in den Sinn als das.

„Oh!“ sagte er, nickte mit dem Kopf und schaute mich an, doch ich wußte sehr wohl, daß er mich weder sah noch hörte noch sonst irgend etwas. So stand er vor mir für eine Minute oder mehr, die Hände zu Fäusten geballt und immer noch nickend. Dann schluckte er einmal und sprach zuletzt mit einer veränderten, trockenen, krächzenden Stimme weiter.

„Wann war das?“

„Heute morgen.“

„Waren sie verheiratet?“

„Ja.“

Er griff nach dem Türpfosten, um sich zu halten.

„Irgendeine Nachricht für mich?“

„Sie sagte, du würdest ihr verzeihen."

„Möge Gott meine Seele an dem Tage zum Teufel jagen, an dem ich das tue! Wo sind sie hin?"

„Nach Frankreich, vermute ich."

„Sein Name war doch de Lapp, oder?"

„Sein wirklicher Name ist de Lissac, und er ist nicht weniger als ein Oberst in Bonnies Garde."

„Ah, dann wird er wahrscheinlich in Paris sein. Das ist gut! Das ist gut!"

„Halt dich fest!" rief ich. „Vater! Vater! Bring einen Brandy!"

Für einen Moment hatten Jims Knie nachgegeben, doch bevor mein Vater mit der Flasche angerannt kam, war er schon wieder er selbst.

„Weg damit!" sagte er.

„Nehmen Sie'n Schluck, Mister Horscroft", rief mein Vater und hielt ihm die Flasche an den Mund. „Der wird'se wieder auf die Beine bringen!"

Er schnappte nach der Flasche und ließ sie über die Gartenhecke fliegen.

„Das ist gut für die, welche vergessen wollen", sagte er, „doch ich möchte mich erinnern!"

„Möge Gott Ihnen diese diabolische Verschwendung vergeben", sagte mein Vater mit lauter Stimme.

„Und auch, daß er beinahe einem Offizier der Infanterie seiner Majestät den Schädel eingeschlagen hat", sagte der alte Major Elliott und streckte dabei den Kopf über die Hecke.

„Ich habe nichts einzuwenden, gegen ein kleines Schlückchen nach einem Morgenspaziergang, doch es ist schon etwas anderes, wenn gleich eine ganze Flasche an meinem Ohr vorbeisaust. Aber was ist vorgefallen, daß Sie hier alle so bedrückt herumstehen wie die Teilnehmer einer Beerdigung?"

In wenigen Worten erzählte ich ihm von unseren Sorgen, während Jim mit grauem Gesicht und tief gezogenen Brauen am Türpfosten gelehnt dastand. Als ich geendet hatte, war der Major genauso bedrückt wie wir, denn er mochte sowohl Jim als auch Edie.

„Ja, ja“, sagte er. „Ich befürchtete etwas Derartiges schon seit der Geschichte mit dem Grenzturm. Das ist das Wesen der Franzosen. Sie können ihre Finger nicht von den Frauen lassen. Doch zumindest hat de Lissac sie noch geheiratet, und das ist ein Trost. Aber es ist nicht die Zeit, jetzt über unsere eigenen kleinen Probleme zu grübeln, während ganz Europa wieder in Aufruhr ist, und uns ein weiterer zwanzigjähriger Krieg bevorsteht, ob uns das nun gefällt oder nicht.“

„Was meinen Sie damit?“ fragte ich.

„Nun, Junge, Napoleon ist von Elba zurück, seine Truppen haben sich um ihn versammelt, und Louis ist um sein Leben gerannt. Diese Nachricht erreichte heute morgen Berwick.“

„Großer Gott!“ rief mein Vater. „Dann beginnt dieses abscheuliche Geschäft wieder von vorne!“

„Aye, wir dachten, wir wären endlich raus aus dem Schatten, doch er ist immer noch da. Wellington wurde von Wien nach den Niederlanden beordert, denn es ist wohl so, daß der Kaiser dort zuerst losschlagen wird. Ja, ja, es ist ein böser Wind, der weht und niemandem Gutes bringt. Ich habe gerade die Nachricht erhalten, daß ich bei der Einundsiebzigsten eingesetzt werde, als Senior Major.“

Ich gratulierte unserem guten Nachbarn, denn ich wußte, wie schwer es ihn belastet hatte, ein Krüppel zu sein, der keine aktive Rolle mehr in der Welt spielte.

„Ich werde mein Regiment so bald als möglich aufsuchen, in einem Monat dann drüben sein, und bevor der nächste dann vorbei ist, vielleicht in Paris.“

„Bei Gott, dann werde ich mit Ihnen geh'n, Major!" rief Jim Horscroft. „Ich bin nicht zu stolz, eine Muskete zu trage, wenn Sie mich diesem Franzmann gegenüberstellen!"

„Mein Junge, ich wäre stolz darauf, wenn Sie unter mir dienen", antwortete der Major. „Und was de Lissac angeht: wo der Kaiser ist, da wird auch er sein."

„Sie kennen den Mann", sagte ich. „was können Sie uns über ihn berichten?"

„Es gibt keinen besseren Offizier in der Französischen Armee, und das will etwas heißen. Man erzählt sich, daß er Marschall hätte werden können, doch er zog es vor, an der Seite des Kaisers zu stehen. Ich traf ihn zwei Tage vor Corunna[28], als ich mit der weißen Flagge ausgeschickt wurde, um über unsere Verwundeten zu verhandeln. Er gehörte damals zu Marshall Soults Truppe. Ich habe ihn gleich wiedererkannt, als ich ihn hier sah."

„Und ich werde ihn auch wiedererkennen, wenn ich ihn sehe!" sagte Jim Horscroft, nun wieder mit dem alten mürrischen Gesichtsausdruck.

Und dann, in jenem Augenblick, als ich dort stand, wurde mir plötzlich bewußt, was für ein armseliges und sinnloses Leben ich führen würde, wenn unser verkrüppelter Freund hier und der Gefährte meiner Kindheit fort waren, an der vordersten Front des Sturmes. Blitzschnell war mein Entschluß gefaßt.

„Ich komme auch mit, Major", rief ich.

„Jock, Jock!" sagte mein Vater händeringend.

Jim sagte nichts, doch er legte seinen Arm halb um mich und drückte mich an sich. Die Augen des Majors

---

28 Corunna: Schlacht bei La Coruña, Spanien. 1809 kämpfte die französische Besatzungsarmee unter Marschall Soult gegen ein britisches Expeditionskorps unter Sir John Moore.

glänzten, und er schwang seinen Spazierstock durch die Luft.

„Mein Wort drauf, da habe ich aber zwei ordentliche Rekruten an meiner Seite“, sagte er. „Nun, es ist keine Zeit zu verlieren, denn Sie beide müssen bis zur Abendkutsche bereit sein.“

Und das war es, was ein einziger Tag mit sich brachte, wo doch manchmal Jahre vergehen ohne eine Veränderung. Man bedenke nur die Veränderungen der letzten vierundzwanzig Stunden. De Lissac war fort. Edie war fort. Napoleon war entkommen. Krieg war ausgebrochen. Jim Horscroft hatte alles verloren, und er und ich brachen auf, um gegen die Franzosen zu kämpfen. Das alles war wie ein Traum, bis ich mich an jenem Abend auf den Weg zur Kutsche machte und zurückschaute auf das graue Farmhaus und die zwei kleinen dunklen Figuren – meine Mutter, deren Gesicht in ihren Shetland-Schal versunken war, und mein Vater, der seinen Hirtenstab schwang, um mir Mut zu machen auf meinem Weg.

11. Die Nationen versammeln sich

Und nun komme ich zu einem Punkt in meiner Geschichte, der mir absolut den Atem raubt, wenn ich daran denke, und mich wünschen läßt, doch niemals die Aufgabe in die Hand genommen zu haben, diese Geschichte zu erzählen. Denn wenn ich schreibe, mag ich es, wenn die Dinge allmählich, diszipliniert und in ihrer Reihenfolge ablaufen, so als kommen Schafe aus ihrem Gehege. So war es jedenfalls auf West Inch. Doch nun, da wir in ein größeres Leben hineingezogen wurden wie winzige Mengen Stroh, die langsam irgendeinen trägen Bach hinuntertreiben, bis sie sich plötzlich im Stoßen und Wirbeln eines großen Flusses wiederfinden, da ist es sehr schwer für mich, in meinen einfachen Worten mit all dem Schritt zu halten. Aber Ihr könnt die Ursache und den Grund für all das in den Geschichtsbüchern finden, und so werde ich diesen Teil auslassen und nur darüber sprechen, was ich mit meinen eigenen Augen gesehen und mit meinen eigenen Ohren gehört habe.

Das Regiment, für das unser Freund bestimmt war, war die 71th Highland Light Infantry, die den roten Rock und die Trews der Hochländer trug und in Glasgow stationiert war. Dorthin fuhren wir alle drei mit der Kutsche; der Major war bei bester Laune und voller Geschichten über Wellington und die Iberische Halbinsel, während Jim in einer Ecke saß mit verkniffenen Lippen und verschränkten Armen und ich wußte, daß er de Lissac tief in seinem Herzen wenigstens dreimal die Stunde tötete. Ich konnte es am jähen Funkeln seiner Augen und den zur Faust geballten Händen sehen. Und ich selbst, ich wußte nicht recht, ob ich glücklich oder traurig sein sollte; denn zu Hause ist halt zu Hause und es macht einen schwermütig, wie leicht man es auch zu nehmen versucht, zu spüren, daß sich halb Schottland zwischen einem selbst und der Mutter befindet.

Wir erreichten am nächsten Tag Glasgow und der Major nahm uns mit zum Depot, wo ein Soldat mit drei Streifen am Ärmel und einer Handvoll Bändern an seiner Kappe breit grinsend sämtliche Zähne zeigte, die er in seinem Gesicht trug, als er Jim sah, und dreimal um ihm herumging, um ihn zu betrachten, so als sei er Carlisle Castle. Dann kam er herüber zu mir, verpaßte mir einen Schlag in die Rippen und fühlte meine Muskeln und war beinahe genau so zufrieden wie bei Jim.

„Diese sind die richtigen, Major, diese sind die richtigen“, wiederholte er immer wieder. „Mit tausend von denen können wir’s mit Boneys Besten aufnehmen!“

„Wie läuft es denn hier?“ fragte der Major.

„Ein armseliges Schauspiel“, antwortete er, „doch vielleicht kann man sie noch in Form bringen. Die besten Männer haben sie nach Amerika verfrachtet und wir haben hier nur Freiwillige und Rekruten.“

„Ärgerlich“, sagte der Major. „Wir werden erfahrene und gut ausgebildete Soldaten zum Gegner haben. Kommt zu mir, wenn ihr Hilfe bracht, ihr zwei.“

Und so verließ er uns mit einem Nicken, und wir begannen zu verstehen, daß ein Major als dein Vorgesetzter eine ganz andere Person ist als ein Major, der zufällig als Nachbar auf dem Lande wohnt.

Nun ja, warum sollte ich Euch mit diesen Dingen behelligen? Ich könnte einen guten Federkiel nur damit verschreiben, was wir erlebten, Jim und ich, im Depot in Glasgow, und wie wir unsere Offiziere kennenlernten und unsere Kameraden, und diese uns.

Bald erreichte uns die Nachricht, daß die Abgesandten in Wien, die Europa zerteilt hatten, als sei es ein Stück Hammelfleisch, zurückgeeilt waren, jeder in sein Land, und jeder Mann und jedes Pferd ihrer Armeen den Blick nun gen Frankreich gerichtet hatten. Wir hörten auch von großen Inspizierungen und Musterungen in Paris, und dann, Wellington stehe in den Niederlanden und es nun an uns und den Preußen wäre, den ersten Schlag zu führen. Die Regierung verschiffte Mannschaften zu ihm hinüber, so schnell sie konnte, und jeder Hafen an der Ostküste erstickte fast vor Kanonen, Pferden und Versorgungsgütern. Am dritten Juni bekamen auch wir unseren Marschbefehl, und noch in derselben Nacht schifften wir uns in Leiht ein und erreichten Ostende in der Nacht darauf. Es war mein erster Blick auf ein fremdes Land und sicher ging es den meisten meiner Kameraden auch so, denn wir waren alle noch sehr jung. Ich kann immer noch das blaue Wasser sehen, die sich kräuselnde Brandung, den langen gelben Strand und die seltsamen Windmühlen, die sich hin und her drehten – etwas, das man von einen Ende Schottlands bis zum anderen nicht findet. Es war eine saubere, gepflegte Stadt, doch die Bevölkerung war recht klein und man konnte weder Ale noch oatmeal cakes bei ihnen kaufen.

Von hier marschierten wir weiter zu einem Ort, der Brügge genannt wurde, und dann weiter nach Gent, wo wir auf das Zweiundfünfzigste und das Fünfundneunzigste trafen, welches die beiden Regimenter waren, mit denen wir eine Brigade bildeten. Es ist ein Ort mit wundervollen Kirchen und Bauwerken, dieses Gent, und in der Tat gab es in allen Städten, durch die wir kamen, kaum eine Kirche, die nicht schöner war als irgendeine in Glasgow.

Dann rückten wir weiter vor bis nach Ath, einem kleinen Dorf an einem Fluß, oder vielleicht auch nur einem Bach, der Dender genannt wurde. Dort bezogen wir Quartier, fast ausschließlich in Zelten, denn wir hatten schönes, sonniges Wetter, und die ganze Brigade begann mit ihrem Drill, von morgens bis abends. General Adams war unser Kommandeur und Reynell unser Colonel, und beide waren feine, erfahrene Soldaten; doch was uns am meisten Mut machte, war, zu wissen, daß wir unter dem Oberbefehl Wellingtons standen, denn sein Name war wie ein Hornsignal. Er stand mit dem größten Teil der Armee in Brüssel, doch wir wußten, daß wir ihn sehr schnell zu sehen bekämen, wenn er benötigt würde.

Ich hatte noch nie so viele Engländer zusammen gesehen, und tatsächlich empfand ich eine Art Verachtung für sie, wie sie alle Leute haben, wenn sie nahe der Grenze leben. Aber in den beiden Regimentern, mit denen wir zusammenlagen, waren so gute Kameraden, wie man sie sich nur wünschen konnte. Das Zweiundfünfzigste hatte tausend Mann in seinen Reihen und es waren viele Soldaten aus dem Spanienkrieg unter ihnen. Die meisten von ihnen kamen aus Oxfordshire. Das Fünfundneunzigste war ein Schützenregiment und trug dunkelgrüne Röcke anstatt der roten. Es war ungewöhnlich, sie beim Laden zu beobachten, denn sie wickelten die Kugel in einen öligen Fetzen und schlugen sie dann mit einem Holzhammer in den Lauf, wodurch sie weiter und genauer schießen konnten als wir. Der größte Teil Belgiens war von Britischen Truppen besetzt, denn die Garde Napoleons stand gegenüber bei Enghien und es gab Kavallerieregimenter uns gegenüber. Ihr seht, wie notwendig es war, daß Wellington seine Streitkräfte weit gefächert hielt, denn Boney befand sich hinter dem Schirm seiner Festung und natürlich konnten wir nicht vorhersagen, an welcher Seite er auftauchen mochte, abgesehen davon, daß er ganz sicher den Weg nehmen würde, auf dem wir ihn am wenigsten erwarteten. Auf der einen Seite mochte er sich zwischen uns und die See drängen und uns so von England abschneiden; und auf der anderen stieß er möglicherweise zwischen uns und die Preußen. Doch Wellington war genau so schlau wie er, denn er hatte seine Reiterei und die leichten Truppen um ihn herum postiert wie ein großes Spinnennetz, so daß in dem Moment, in dem ein Franzose seinen Fuß über die Grenze setzte, er all seine Männer am richtigen Ort zusammenziehen konnte.

Ich für meinen Teil war in Ath sehr glücklich und ich fand die Leute dort sehr freundlich und gemütlich. Da gab es einen Bauern mit Namen Bois, auf dessen Feldern wir biwakierten und der vielen von uns ein wirklich guter Freund war. Wir bauten ihm gemeinsam eine hölzerne Scheune in unserer Freizeit, und viele Male haben ich und Jeb Seaton, mein Hintermann, seine Wäsche aufgehängt, weil der Geruch von nassem Leinen uns beide direkt nach Hause zu tragen schien, wie es sonst nichts anderes vermochte. Ich habe mich oft gefragt, ob dieser gute Mann und seine Frau wohl noch leben, obwohl ich glaube, daß es nicht sehr wahrscheinlich ist, denn sie waren damals bereits im mittleren Alter. Jim kam auch manchmal mit uns und saß mit uns zusammen, rauchend in der großen flämischen Küche, doch er war nun ein ganz anderer Mensch als früher. Er hatte schon immer etwas Hartes an sich gehabt, doch jetzt schien ihn sein Kummer in einen Feuerstein verwandelt zu haben und ich sah nie mehr ein Lächeln in seinem Gesicht und hörte nur selten ein Wort über seine Lippen kommen. All seine Gedanken waren darauf gerichtet, sich an de Lissac zu rächen, weil er ihm Edie genommen hatte, und Stunde um

Stunde saß er da, sein Kinn in die Hände gestützt und starrte mit gefurchter Stirn vor sich hin, ganz gefangen von dieser Idee. Das machte ihn zuerst ein wenig zur Zielscheibe unter seinen Kameraden und sie lachten deshalb über ihn, doch als sie ihn etwas besser kannten, fanden sie heraus, daß es gar nicht gut war, über ihn zu lachen, und sie hörten alsbald auf damit.

Wir waren Frühaufsteher in dieser Zeit, und die gesamte War Brigade war gewöhnlich schon beim ersten Morgengrauen unter Waffen. Eines Morgens – es war der sechzehnte Juni –, waren wir gerade angetreten und General Adams kam herangeritten, um einige Befehle an Colonel Reynell weiterzugeben, ungefähr eine Musketenlänge von mir entfernt, als beide plötzlich innehielten und auf die Landstraße nach Brüssel starrten. Niemand von uns traute sich, den Kopf zu bewegen, doch alle Augen im Regiment huschten herum, und da sahen wir einen Offizier mit der Kokarde des Adjutanten eines Generals die Straße herunterdonnern, so schnell ihn sein großer Grauschimmel nur tragen konnte. Er hatte sein Gesicht über die Mähne gebeugt und peitschte mit dem Ende des Zügels auf den Hals des Pferdes ein, als ritte er um sein Leben.

„Schauen Sie, Reynell“, sagte der General. „Es scheint Arbeit zu geben. Was halten Sie davon?“

Beide ritten ihm im kurzen Galopp entgegen und Adams öffnete die Depesche, die ihm der Kurier übergeben hatte. Der Umschlag hatte den Boden noch nicht berührt, da drehte Adams sich um und schwenkte den Brief über seinem Kopf, als wäre es ein Säbel.

„Weggetreten!“ schrie er. „Inspektion und Abmarsch in einer halben Stunde!“

Von der einen zur nächsten Sekunde war überall ein hektisches Treiben und die Nachricht in aller Munde. Napoleon hatte am Tag zuvor die Frontlinie überschritten, die Preußen vor sich hergetrieben und stand nun bereits tief im Land, östlich von uns, mit einhundertfünfzigtausend Mann. Wir eilten los, um unsere Sachen zusammenzupacken und noch zu frühstücken, und in nur einer Stunde waren wir abmarschiert und ließen Ath und den Dender für immer hinter uns. Es gab allen Grund zur Eile, denn die Preußen hatten Wellington keine Nachricht übermittelt, wie die Dinge standen, und obwohl er bereits bei den ersten Gerüchten von Brüssel aus losgehetzt war wie eine brave alte Dogge aus ihrer Hütte, sah es nicht danach aus, daß er noch zur rechten Zeit eintreffen konnte, um den Preußen zu helfen.

Es war ein strahlender warmer Morgen, und als die Brigade die breite belgische Straße hinunterstapfte, da wirbelte davon der Staub auf wie der Qualm bei einer Geschützbatterie. Ich kann Euch sagen, daß wir den Mann priesen, welcher die Pappeln die Straße entlang zu beiden Seiten gepflanzt hatte, denn ihr Schatten war angenehmer für uns als etwas zu trinken. Durch die Felder verliefen, sowohl rechts als auch links, weitere Straßen; eine ziemlich nahe und die andere eine Meile oder mehr entfernt. Eine Kolonne der Infanterie marschierte auf der nähergelegenen und es kam zu einem Wettlauf zwischen uns, denn wir marschierten so schnell wir konnten. Es war ein solcher Ring aus Staub um sie herum, daß wir nur hier und da die Musketenläufe und Bärenfellmützen hindurchschimmern sehen konnten, oben aus der Wolke heraus den Kopf und die Schultern eines berittenen Offiziers, und die wehenden Fahnen. Es war eine Garde-Brigade, doch wir konnten nicht sagen welche, denn wir hatten zwei bei uns in diesem Feldzug. Über der Straße in der Ferne hing nicht weniger Staub, doch durch ihn hindurch blitzte von Zeit zu Zeit ein langes Funkeln von etwas sehr Hellem wie hundert aneinandergereihte Silberperlen, und ein leichter Wind trug eine Art knurrende, klirrende, rasselnde Musik herüber, wie ich sie noch nie gehört hatte. Wenn ich allein gewesen wäre, hätte es lange gebraucht, bevor ich wußte, was es war, doch unsere Korporale und Sergeanten waren alle altgediente Soldaten, und ich hatte einen, der neben mir mit seiner Hellebarde dahintrottete und voller Belehrungen und Ratschläge steckte.

„Das ist schwere Kavallerie“, sagte er. „Du siehst das doppelte Aufblitzen? Das bedeutet, daß sie Helm und Küraß tragen. Das sind die Royals, die Enniskillens oder die Household[29]. Du kannst die Becken und die Kesselpauken hören. Die Schweren der Franzosen sind uns weit überlegen. Auf einen von unsern kommen zehn von ihnen und alles gute Männer. Du mußt auf ihr Gesicht oder ihr Pferd schießen. Denk dran, wenn du sie kommen siehst, sonst wird dir ein Vier-Fuß-Schwert deine Leber zerstechen, um dich dran zu erinnern. Hört! Hört! Da spielt die gute alte Musik wieder.“

Und als er sprach, drang das leise Grollen von Geschützsalven herüber irgendwo östlich von uns, tief und heiser, wie das Brüllen einer blutverschmierten Bestie, die sich vom Leben der Menschen nährt. Im selben Augenblick rief jemand „Heh! Heh! Heh!“ hinter uns, und irgendjemand brüllte „Laßt die Kanonen durch!" Als ich mich umschaute, sah ich, wie sich die nachfolgenden Kompanien plötzlich teilten und zu beiden Seiten in den Graben warfen, während sechs cremefarbene Pferde Seite an Seite, paarweise galoppierend, durch die Lücke gedonnert kamen mit einer feinen Zwölfpfünder-Kanone schlingernd und knarrend hintendran. Dahinter folgte eine weitere, und flogen dann noch weitere – vierundzwanzig insgesamt – mit einem Getöse und Geklapper förmlich an uns vorbei; die

29 Royals: Royal Horse Guards; Enniskillens: Spitzname der 6. Dragoons; Household: Household Cavalry.

Kanoniere in ihren blauen Röcken klammerten sich an die Geschütze und die Munitionswagen, die Kutscher fluchten und ließen ihre Peitschen knallen, die Mähnen flogen, die Wischer und Eimer klapperten und die ganze Luft war erfüllt von schwerem Gerumpel und dem Klirren von Ketten. Es gab ein Gebrüll aus den Gräben und ein Geschrei von den Kanonieren, und wir sahen nur noch eine graurollende Wolke vor uns, aus deren Schatten ein paar vereinzelte Bärenfellmützen herausbrachen. Dann schlossen wir unsere Reihen wieder, während das Grollen vor uns immer lauter und tiefer wurde.

„Das da sind drei Batterien", sagte der Sergeant. „Da ist die von Bull und die von Webber Smith, aber die andere ist neu. Da sind sogar noch mehr vor uns, denn hier ist die Spur von einem Neun-Pfünder, und die anderen waren alles Zwölfer. Such dir 'ne Zwölfer aus, wenn du getroffen werden willst, denn die Neuner zermatscht dich nur, doch die Zwölfer knackt dich wie 'ne Karotte." Und dann begann er von den schrecklichen Wunden zu erzählen, die er schon gesehen hatte, bis mir das Blut in den Adern zu Eiswasser gefror, und hätte man unsere Gesichter in Gips gerieben, so wären wir doch nicht bleicher gewesen. „Aye, ihr werdet noch kränklich dreinschau'n, wenn ihr erst 'nen Hut voll Kugeln in euren Eingeweiden habt", sagte er. Und dann, als ich bemerkte, daß die alten Soldaten lachten, da begann ich zu verstehen, daß er uns nur Angst machen wollte, und so begann auch ich zu lachen und die anderen ebenfalls, aber ein sehr herzhaftes Lachen war es nicht.

Die Sonne stand beinahe über uns, als wir in einem kleinen Ort namens Hal hielten, in dem es eine alte Pumpe gab, an der ich zog und einen ganzen Tschako voll Wasser trank – und niemals hatte mir ein Humpen schottischen Bieres so gut geschmeckt. Weitere Kanonen passierten uns hier und drei Regimenter von Sir-

Vivians-Husaren, herausgeputzte Männer auf gesunden braunen Pferden, ein wahrer Augenschmaus. Der Lärm der Geschütze war nun lauter als zuvor, und er zerrte an meinen Nerven beinahe so wie vor einigen Jahren, als ich, mit Edie an meiner Seite, den Kampf zwischen dem Handelssegler und den französischen Kaperschiffen beobachtet hatte. Es war nun so laut, daß es mir schien, als müsse die Schlacht direkt hinter dem nächsten Wald toben, aber mein Freund, der Sergeant, wußte es besser.

„Das ist noch zwölf bis fünfzehn Meilen entfernt“, sagte er. Du kannst sicher sein, daß der General weiß, daß wir noch nicht gebraucht werden, sonst würden wir hier in Hal nicht Rast machen.“

Was er sagte, sollte sich als richtig erweisen, denn schon eine Minute später kam der Colonel mit der Order, die Waffen zusammenzustellen und zu biwakieren, wo wir uns befanden; und hier verbrachten wir den ganzen Tag, während Kavallerie, Infanterie und Artillerie, Engländer, Niederländer und Hannoveraner vorbeiströmten. Diese Musik des Teufels ging bis zum Abend, manchmal anschwellend zu einem Gebrüll, manchmal abschwellend zu einem Grollen, bis sie gegen acht Uhr abends vollständig erstarb. Wir waren sehr gespannt darauf, wie Ihr Euch denken könnt, zu erfahren, was das alles zu bedeuten hatte, doch wir wußten, daß Wellington schon das Richtige tat, und so übten wir uns in Geduld. Den nächsten Vormittag verbrachte die Brigade noch in Hal, aber um die Mittagszeit kam eine Ordonanz von Wellington und wir rückten weiter vor bis zu einem kleinen Dorf namens Braine oder so ähnlich, und hier hielten wir; und das genau zur rechten Zeit, denn plötzlich brach ein Gewitter über uns herein und ein gewaltiger Regenguß verwandelte alle Straßen und Felder in Sumpf und Morast. Wir suchten Schutz in den

Scheunen des Dorfes, und dort trafen wir auf zwei Versprengte – der eine von einem Regiment der Kilt-Träger und der andere ein Soldat aus der Deutschen Legion –, die eine Geschichte zu erzählen hatten, welche so düster war wie das Wetter.

Boney hatte die Preußen am Tage zuvor geschlagen[30], und unsere Jungs hatten es zunächst schwer gehabt, sich gegen Ney[31] zu behaupten, aber konnten ihn zuletzt doch zurückschlagen. Heute erscheint Euch dies als eine alte, längst verjährte Geschichte, aber Ihr könnt Euch nicht vorstellen, wie wir uns um diese beiden Männer in der Scheune drängten und schoben und darum kämpften, nur um ein Wort von dem aufzufangen, was sie erzählten, und wie jene, die etwas gehört hatten, wiederum umringt wurden von denen, welche noch gar nichts gehört hatten. Wir lachten und jubelten und stöhnten abwechselnd, als wir erfuhren, wie die Reihen des Vierundvierzigsten einen Schlag der Kavallerie erhalten hatten, wie die Niederländisch-Belgischen Truppen hatten fliehen müssen und wie die Black Watch[32] die französischen Ulanen in ihr Karee genommen hatte und sie dann zu ihrem Vergnügen abschlachteten. Aber dann hatten die Ulanen das Lachen wiederum auf ihrer Seite, als sie das Neunundsechziger aufrieben und sogar eine der Fahnen erbeuteten. Um es zusammenzufassen – Wellington befand sich auf dem Rückzug, um Verbindung mit den Preußen zu halten, und es wurde gemunkelt, daß er den Boden wieder gutmachen wolle, den er aufgegeben hatte, und das in einer großen Schlacht genau an der Stelle, an der wir aufgehalten worden waren.

30 Schlacht bei Ligny.
31 Michel Ney, (* 10. Januar 1769 in Saarlouis; † 7. Dezember 1815 in Paris), Marschall Napoleons.
32 The 42nd (Royal Highland) Regiment of Foot.

Und bald sahen wir das Gerücht bestätigt, denn das Wetter klarte zum Abend hin auf, und wir alle waren draußen auf dem Hügel, um nachzuschauen, was es zu sehen gab. Es war eine schöne weite Fläche mit Kornfeldern und Weideland, auf der das Getreide gerade halb grün und halb gelb war und ein feiner Roggen beinahe schulterhoch stand. Eine friedlichere Szene konnte man sich kaum vorstellen, und ganz gleich, wohin man auch schaute über die niedrigen geschwungenen von Kornfeldern bedeckten Hügel, konnte man die Kirchtürme der kleinen Dörfer sehen, wo sie mit ihren Spitzen durch die Pappeln stachen. Doch direkt gegenüber, mitten durch das schöne Bild, führte die Spur von marschierenden Männern – manche in rot, manche in grün, manche in blau, manche in schwarz – im Zickzack über die Ebenen und verstopfte die Straßen; ein Ende so nah, daß wir ihnen zurufen konnten, als sie ihre Musketen auf dem Hügel zu unserer Linken zusammenstellten , und das andere Ende verloren zwischen den Wäldern, soweit wir blicken konnten. Und dann, auf anderen Straßen wiederum, sahen wir Pferdegespanne sich abmühen und den stumpfen Glanz von Kanonen und wie die Männer sich anstrengten und wankten, wenn sie dabei halfen, die Speichen in dem tiefen, tiefen Schlamm zu drehen. Als wir dort standen, bezog Regiment auf Regiment und Brigade auf Brigade Stellung auf dem Hügel, und ehe die Sonne untergegangen war, lagen wir in einer Linie von über sechzigtausend Mann, um Napoleon den Weg nach Brüssel zu blockieren. Doch es begann erneut heftig zu regnen und wir vom Einundsiebzigsten verschwanden wieder in unseren Scheunen, wo wir ein besseres Quartier hatten als der größte Teil unserer Kameraden, die bis zum ersten Licht des nächsten Tages ausgestreckt im Schlamm lagen, mit dem Sturm über sich.

12. Der Schatten auf dem Land

Am nächsten Morgen nieselte es immer noch aus braunen dahinziehenden Wolken und es ging ein naßkalter Wind. Es war eine sonderbare Sache, die Augen zu öffnen in dem Bewußtsein, daß ich an diesem Tag an einer Schlacht teilnehmen sollte, wenngleich niemand von uns jemals dachte, daß sie das sein würde, als was sie sich dann erwies.

Wie auch immer, mit dem ersten Tageslicht hatten wir uns erhoben und waren bereit, und als wir die Tore unserer Scheune aufstießen, da hörten wir die wohl lieblichste Musik, die ich je gehört hatte, irgendwo in der Ferne spielen. Wir standen in Gruppen und lauschten ihr, die so süß und unschuldig und gleichzeitig auch traurig war. Aber unser Sergeant lachte nur, als er sah, wie sehr sie uns alle erfreute.

„Das sind die französischen Musikzüge“, sagte er, „und wenn ihr mal hierherkommt, dann werdet ihr etwas sehen, was einige von euch wohl nicht noch einmal erleben werden.“

Und herauskamen wir, mit dem bezaubernden Klang der Musik in unseren Ohren, und stellten uns auf eine Anhöhe direkt neben unserer Scheune. Unten, am Fuße des Hanges, etwa einen halben Musketenschuß von uns entfernt, lag ein gemütlicher, mit Ziegeln gedeckter Bauernhof mit einer Hecke und so etwas wie einem Obstgarten mit ein paar Apfelbäumen. Überall auf dem Hof arbeiteten Männern in roten Röcken und mit hohen

Pelzmützen fleißig wie die Bienen, schlugen Löcher in die Wände und verbarrikadierten die Eingänge.

„Das sind die leichten Kompanien der Scots Guards“, sagte der Sergeant. „Die werden den Hof halten, solange noch einer von denen einen Finger krümmen kann. Doch schaut dort hinüber, dann werdet Ihr die Lagerfeuer der Franzosen sehen.“

Wir schauten über das Tal, auf die niedrige Erhebung auf der anderen Seite und sahen Tausende kleiner gelber Flammenpunkte, von denen dunkler Rauch sich kräuselnd in die schwere Luft aufstieg. Es gab da noch ein anderes Bauernhaus, weiter hinten im Tal, und als wir zu ihm hinübersahen, entdeckten wir plötzlich eine kleine Gruppe von Reitern auf einer Anhöhe unmittelbar daneben, die zu uns herüberstarrte. Ein Dutzend Husaren stand im Hintergrund und davor waren fünf Männer, drei mit Helmen, einer mit einer langen geraden roten Feder am Hut und der letzte mit einem Zweispitz.

„Bei Gott!“ rief der Sergeant, „das ist er! Das ist Boney, der mit dem grauen Pferd. Aye, ich wette einen Monatssold darum!“

Ich strengte meine Augen an, ihn zu sehen, diesen Mann, der den großen Schatten über Europa geworfen hatte, der die Nationen seit fünfundzwanzig Jahren verdunkelte und welcher sogar über unsere kleine weltabgeschiedene Schaffarm gefallen war und uns alle – Edie, Jim und mich – aus dem beschaulichen Leben gerissen hatte, das auch schon unsere Eltern vor uns geführt hatten. Soweit ich erkennen konnte, war er ein untersetzter breitschultriger Mann, und er hielt ein Doppelglas mit weit nach beiden Seiten abgespreizten Ellbogen an die Augen. Ich starrte immer noch hinüber, als ich das schwere Atmen eines Mannes neben mir hörte, und da war Jim, mit Augen wie zwei glühende Kohlen, und sein Gesicht streckte sich über meine Schulter.

„Das ist er, Jock“, flüsterte er.

„Ja, das ist Boney“, antwortete ich.

„Nein, nein, er ist es. Dieser de Lapp, oder de Lissac, oder wie zum Teufel er heißen mag. Er ist es.“

Dann erkannte ich ihn. Es war der Reiter mit der hoch aufragenden roten Feder an seinem Hut. Selbst auf diese Entfernung hätte ich schwören können, seine hängenden Schultern und die Art, wie er den Kopf hielt, zu erkennen. Ich legte Jim meine Hand auf den Ärmel, denn ich konnte sehen, wie sein Blut beim Anblick dieses Mannes zu kochen begann und daß er bereit war, irgendeine Verrücktheit zu begehen. Doch in diesem Moment schien es, als ob Bonaparte sich nach vorn lehnte und de Lissac etwas sagte, und die ganze Gesellschaft wendete und preschte davon, während von einer Batterie entlang des Kammes der Knall eines Schusses herüberdrang und ein paar Rauchfäden aufstiegen. Im gleichen Moment wurde in unserem Dorf zum Antreten geblasen, und wir eilten zu unseren Waffen und stellten uns auf. Es gab ein gewaltiges Kanonenfeuer entlang der Kampflinie und wir dachten schon, die Schlacht hätte begonnen, doch tatsächlich waren es nur unsere Jungs, die ihre Rohre reinigten, weil die Gefahr bestand, daß ihre Zündkanäle von der Feuchtigkeit der letzten Nacht naßgeworden waren.

Von dort, wo wir standen, bot sich uns nun ein Anblick, welcher es allein schon wert war, über das Meer gekommen zu sein. Von unserem Hügel aus erstreckte sich das Schachbrettmuster aus rot und blau bis hin zu einem Dorf über zwei Meilen von uns entfernt. In unseren Reihen wurde jedoch unter den Männern getuschelt, daß es zuviel blau gab und zu wenig rot; denn am Tage zuvor hatten die Belgier gezeigt, daß sie nicht das rechte Herz für diese Arbeit hatten und zwanzigtausend von ihnen waren hier nun heute unsere Kameraden. Zudem bestanden unsere Britischen Truppen zur Hälfte aus Freiwilligen und Rekruten, denn die Auslese aus den Spanienkriegen befand sich noch auf dem Meer auf dem Rückweg von einem albernen Streit mit unseren Verwandten in Amerika. Aber wenigstens sahen wir die Bärenfellmützen der Guards, zwei starke Brigaden von ihnen, und die Kappen der Highländer, das Blau der alten Deutschen Legion und die roten Reihen von Packs[33] und Kempts[34] Brigade sowie die grünen Punkte der Schützenkette, und wir wußten, daß, egal was kommen mochte, diese Männer dort verharren würden, wo man sie hingestellt hatte und daß sie von einem Mann geführt wurden, der wiederum genau wußte, wo er sie hinzustellen hatte.

Von den Franzosen hatten wir bisher nur wenig gesehen, ausgenommen das Funkeln ihrer Lagerfeuer und hier und da ein paar Reiter auf den geschwungenen Linien des gegenüberliegenden Hügels; doch während wir dastanden und warteten, drang plötzlich das gewaltige Schmettern ihrer Fanfaren herüber, und ihre gesamte Armee, Brigade um Brigade und Division um Division, flutete über den niedrigen Hügel, der sie bis jetzt verdeckt hatte, bis der weitläufige Hang in seiner gesamten Länge und Tiefe blau war von ihren Uniformen und vom Glanz ihrer Waffen erstrahlte. Welle um Welle ergoß sich über den Hügel, und es schien, als wolle es niemals enden, während unsere Männer auf ihren Musketen lehnten, ihre Pfeifen rauchten, dem großen Aufmarsch zusahen und dem lauschten, was die altgedienten Soldaten, die schon gegen die Franzosen gekämpft hatten, über sie sagten. Dann, als die Infante-

33 General Denis Pack, 9. Britische Brigade.
34 General James Kempt, 8. Britische Brigade.

rie Aufstellung genommen hatte, kamen in langen breiten Strängen, wirbelnd und hüpfend, ihre Geschütze den Hang herunter, und es war hübsch anzusehen, wie elegant sie abspannten und in Stellung gingen. Und dann, in majestätischem Trott, kam die Kavallerie – wenigstens dreißig Regimenter mit Helmbusch und Brustharnisch, blinkenden Schwertern und flatternden Wimpeln an ihren Lanzen – und formierte sich an den Flanken und im Hintergrund zu langen versetzten schimmernden Reihen.

„Das sind Burschen!“ rief unser altgedienter Sergeant. „Unersättlich im Kampf sind die. Und seht ihr die Regimenter mit den großen hohen Hüten dort in der Mitte etwas hinter dem Gehöft? Das ist die Garde, zwanzigtausend von ihnen, Jungens, und alles ausgesuchte Männer – grauhaarige Teufel, die nichts anderes gemacht haben als kämpfen, seit sie so groß waren wie meine Gamaschen hoch. Auf zwei von uns kommen drei von ihnen und auf eins unserer Geschütze kommen zwei der ihrigen, und, bei Gott, sie werden euch

Rekruten sich wünschen lassen, doch besser zurück in der Argyle Street[35] zu sein, noch bevor sie mit euch abgeschlossen haben.“

Ja, er war kein sehr aufmunternder Mann, unser Sergeant, doch seit Corunna hatte er an jedem Kampf teilgenommen und hatte eine Medaille mit sieben Spangen an der Brust, so daß er wohl das Recht hatte, so zu reden, wie es ihm gefiel.

Als die Franzosen Aufstellung genommen hatten, gerade außerhalb der Reichweite der Kanonen, sahen wir eine kleine Gruppe von Reitern, alle in loderndem Silber, Scharlachrot und Gold, eilig zwischen den Divisionen hindurchreiten, und während dessen brach ein

35 Argyle Street – Einkaufsstraße in Glasgow (auch in London).

tosender Jubel von überall her auf sie ein und wir konnten sehen, wie Waffen präsentiert wurden und man ihnen zuwinkte. Einen Augenblick später erstarben die Hochrufe und beide Armeen standen sich von Angesicht zu Angesicht in absolut tödlicher Stille gegenüber – ein Anblick, der oft in meinen Träumen zu mir zurückkehrt. Dann, ganz plötzlich, ging ein Ruck durch die Männer in vorderster Front gerade vor uns; eine dünne Reihe schwenkte aus der blauen Masse aus und bewegte sich zielstrebig auf das Bauernhaus zu, das in unsere Nähe lag. Sie kamen keine fünfzig Schritte weit, bis eine englische Batterie zu unserer Linken das Feuer eröffnete – und die Schlacht von Waterloo hatte begonnen.

Es ist nicht an mir, hier den Versuch zu machen, Euch die Geschichte der Schlacht zu erzählen, und tatsächlich hätte ich davon gänzlich Abstand genommen, wäre es nicht dazu gekommen, daß unsere eigenen Schicksale, die von den drei einfachen Leuten, welche aus dem schottischen Grenzland stammten, ebenso darin verwickelt gewesen wären wie die eines jeden Königs oder Kaisers oder die all der anderen. Um ehrlich zu sein, habe ich mehr über diese Schlacht erfahren aus dem, was ich gelesen, als dem, was ich gesehen habe, denn wieviel hatte ich denn sehen können, mit einem Kameraden an jeder Seite und einer großen weißen Wolkenbank am Ende meines Vorderladers? Aus den Büchern und den Erzählungen der anderen erfuhr ich, wie die schwere Kavallerie stürmte, wie sie die berühmten Kürassiere überritt und wie sie in Stücke gehauen wurde, bevor sie sich zurückziehen konnte. Von ihnen erfuhr ich auch alles über die aufeinanderfolgenden Angriffe, wie die Belgier die Flucht ergriffen und daß Pack und Kemp standhaft blieben. Aber aus meinen eigenen Kenntnissen kann ich nur davon sprechen, was wir an diesem langen Tag zwischen den

Rauchwolken und den Feuerpausen sehen konnten, und das ist es, wovon ich Euch jetzt erzählen werde.

Wir standen am rechten Rand der Gefechtslinie und bildeten die Reserve, da Wellington fürchtete, daß Boney sich um diese Flanke herumarbeiten könnte um ihm dann in den Rücken zu fallen; so hatte man unsere drei Regimenter zusammen mit noch einer Britischen Brigade und den Hannoveranern, hier postiert, bereit für den Einsatz. Es gab auch noch zwei Brigaden der Leichten Kavallerie, doch die Franzosen griffen nur in der Front an, so daß es bereits spät am Tage war, als man uns wirklich benötigte.

Die englische Batterie zu unserer Linken, welche den ersten Schuß getan hatte, feuerte kräftig weiter und eine deutsche arbeitete hart zu unserer Rechten, so daß wir völlig von deren Rauch eingehüllt waren; doch waren wir nicht so verborgen, als daß ein Reihe französischer Kanonen von gegenüber uns nicht hatte entdecken können, denn zahlreiche Kugeln kamen pfeifend durch die Luft und landeten mitten unter uns. Als die Schreie der Getroffenen an mein Ohr drangen, zog ich meinen Kopf ein wie ein Taucher, doch unser Sergeant gab mir mit dem Stiel seiner Hellebarde einen Stoß in den Rücken.

„Sei nicht so verflucht höflich“, sagte er, „wenn du getroffen bist, kannst’e dich verbeugen, und zwar für immer.“

Eine dieser Kugeln schlug gleich fünf Männer auf einmal zu einem blutigen Brei und ich sah sie danach am Boden liegen wie ein purpurroter Fußball. Eine andere traf das Pferd des Adjutanten mit einem Plopp, wie wenn ein Stein in den Matsch fällt, durchschlug seinen Rücken und ließ es liegen wie eine aufgeplatzte Stachelbeere. Drei andere gingen weiter rechts nieder und die Aufregung und die Schreie sagten uns alles.

„Ach, James, da haben Sie ein gutes Reittier verloren“, sagte Major Reed direkt vor mir und schaute auf den Adjutanten hinunter, dessen Stiefel und Reithosen von Blut troffen.

„Ich habe in Glasgow glatte fünfzig dafür gegeben“, sagte der andere. „Denken Sie nicht, Major, daß die Männer sich besser abducken sollten, jetzt, wo sich die Kanonen auf unseren Bereich eingeschossen haben?“

„Ach was“, antwortete der Major, „die sind noch jung, und es wird ihnen guttun.“

„Die werden noch genug abbekommen, bevor der Tag zu Ende ist“, murrte der Adjutant, doch in diesem Moment sah Colonel Reynell, daß die Jäger und das Zweiundfünfzigste zu beiden Seiten von uns in Deckung gingen, worauf wir den Befehl bekamen, es ihnen gleich zu tun.

Mehr als froh waren wir, die Schüsse nun wie hungrige Hunde einige Fuß über unsere Rücken hinweg winseln zu hören. Doch selbst jetzt ließen uns ein dumpfer Aufprall und ein Platschen beinahe jede Minute, zusammen mit den Schmerzensschreien und dem Getrampel von Stiefeln über den Boden, wissen, daß wir noch immer schwere Verluste erlitten.

Es fiel ein dünner Regen, und die feuchte Luft hielt den Rauch niedrig, so daß wir nur hier und da einen Blick auf das erhaschten, was sich an der Front tat, doch das Donnern der Kanonen sagte uns, daß sich die Schlacht über die gesamte Gefechtslinie erstreckte. Vierhundert von ihnen feuerten nun beinahe gleichzeitig und der Krach zertrümmerte uns fast die Trommelfelle. Tatsächlich gab es nicht wenige von uns, die noch viele Tage danach ein Summen in den Ohren hatten. Direkt gegenüber von uns, auf dem Abhang des Hügels, befand sich eine französische Kanone und wir konnten die Kanoniere, die sie bedienten, ganz deutlich sehen.

Es waren kleine geschäftige Männer mit sehr engen Hosen und hohen Hüten mit großen aufrechten Federbüschen daran, und sie arbeiteten wie Schafscherer – rammen, wischen, abziehen. Es waren vierzehn, als wir sie zum ersten Mal sahen und zuletzt waren es noch vier, doch diese arbeiteten genauso hart weiter wie zuvor.

Das Gehöft, welches sie Hougoumont nannten, lag in der Senke direkt vor uns, und den ganzen Morgen konnten wir beobachten, daß dort ein fürchterlicher Kampf tobte, denn die Mauern und Fenster sowie die Hecke des Obstgartens standen in Flammen und Rauch und es drang ein Gekreische und Geschrei herauf, wie ich es nie zuvor gehört hatte. Es war halb niedergebrannt und von Kugeln zerstört und zehntausend Mann hämmerten an seine Tore; doch vierhundert Gardesoldaten hielten es am Morgen und noch zweihundert am Abend, und kein französischer Fuß hatte bisher seine Schwelle übertreten. Doch wie sie kämpften, die Franzosen! Ihre Leben waren ihnen nicht mehr wert als der Schlamm unter ihren Füßen. Da war einer – ich sehe ihn noch vor mir –, ein kräftiger rötlicher Kerl mit einer Krücke. Er humpelte allein in einer Feuerpause zu einem Seitentor des Hougoumont-Hofes, schlug darauf ein und schrie seinen Männern zu, ihm zu folgen. Fünf Minuten lang war er dort und spazierte vor den Musketenläufen herum, die ihn verschonten, doch schließlich schnippte ihm ein Braunschweiger Scharfschütze vom Obstgarten aus mit seinem Gewehr das Hirn aus dem Schädel. Und er war nur einer von so vielen den ganzen Tag über, und wenn sie nicht in Massen heranstürmten, dann kamen sie zu zweit und zu dritt, mit so tapferen Gesichtern, als hätten sie die ganze Armee hinter sich.

So lagen wir den ganzen Morgen und schauten hinunter auf den Kampf um Hougoumont; doch bald sah

Wellington, daß keine Gefahr für den rechten Flügel bestand, und so fand er eine andere Verwendung für uns.

Die Franzosen hatten ihre Plänkler an dem Hof vorbeigeschoben und lagen nun im jungen Korn vor uns und schossen auf unsere Kanoniere, so daß drei der sechs Kanonen zu unserer Linken bereits ausgefallen waren und ihre Mannschaft überall im Schlamm verstreut um sie herumlag. Doch Wellington hatte seine Augen überall, und im nächsten Moment kam er auch schon herangaloppiert – ein dünner, dunkler, drahtiger Mann mit sehr hellen Augen, einer Hakennase und einer großen Kokarde an seinem Zweispitz. Ein Dutzend Offiziere folgte ihm dicht auf, alle so fröhlich, als wären sie auf einer Fuchsjagd, doch von dem Dutzend war am Abend kein einziger mehr übrig.

„Harte Arbeit, Adams“, sagte er, als er herangekommen war.

„Sehr hart, Euer Gnaden“, antwortete der General.

„Wir können ihnen hier standhalten, denke ich. Aber was ist das, wir dürfen doch nicht Plänkler eine ganze Batterie ausschalten lassen. Treiben Sie diese Burschen da raus, Adams.“

Und dann erfuhr ich zum ersten Mal, was für eine teuflische Erregung einen Mann überkommt, wenn man ihm ein wenig zu kämpfen gibt. Bis jetzt hatten wir nur dagelegen und uns töten lassen, was den abscheulichsten Teil dieser Arbeit bedeutete. Doch nun waren wir an der Reihe, und, mein Wort drauf, wir waren mehr als bereit dafür. Wir sprangen auf, die ganze Brigade, in vier Reihen hintereinander, und stürmten in wilder Hast das Kornfeld. Als wir herankamen, schossen die Scharfschützen zunächst auf uns, doch dann ergriffen sie mit eingezogenem Kopf, gebeugtem Rücken und ihre Musketen im Schlepp wie aufgescheuchte Wachteln die

Flucht. Die Hälfte konnte entkommen, aber die anderen schnappten wir uns; den Offizier zuerst, denn er war sehr beleibt und konnte nicht schnell laufen. Es drehte sich mir fast der Magen um, als ich sah, wie Rob Stewart zu meiner Rechten dem Mann sein Bajonett in den Rücken trieb und ich ihn wie eine verfluchte Seele aufheulen hörte. Es gab kein Pardon in diesem Feld und für alle galt, Kolben oder Spitze. Das Blut der Männer war entflammt, und wen wunderte das, wo uns doch diese Wespen den ganzen Morgen über gestochen hatten, ohne daß wir viel mehr hatten tun können, als ihnen zuzusehen. Und nun, als wir auf der anderen Seite aus dem Kornfeld herausbrachen, waren wir vor die Rauchschwaden gelangt, und da lag die gesamte französische Armee in ihren Stellungen vor unserer Nase, mit nur zwei Wiesen und einer schmalen Straße zwischen uns. Als wir sie sahen, stießen wir einen Freudenschrei aus, und wir wären mitten in sie hineingestürmt, wenn wir uns selbst überlassen gewesen wären, denn einfältige junge Soldaten denken nicht daran, daß ihnen ein Unglück zustoßen kann, bis es dann mitten unter ihnen wütet. Doch Wellington war mit seinem Pferd neben uns hergaloppiert, als wir vorrückten, und nun brüllte er dem General etwas zu und alle Offiziere ritten, ihre Waffen auf uns gerichtet, vor unsere vorderste Reihe, um uns aufzuhalten. Signalhörner wurden geblasen, es wurde gestoßen und geschoben, und mit dem Gefluche der Sergeanten und mit Hilfe ihrer Hellebarden hatte sich die Brigade in weniger Zeit, als ich brauche, um es hier niederzuschreiben, zu drei ordentlichen Quadraten formiert, vor Bajonetts strotzend und gestaffelt, wie sie es nannten, so daß ein jeder über die Schulter des anderen feuern konnte. Dies war unsere Rettung, was selbst ein so unerfahrener Soldat wie ich sehr leicht erkennen konnte, und wir hatten dabei auch keine Zeit zu verlieren.

Es gab da einen niedrigen, welligen Hügel an unserer rechten Flanke, und von dahinter drang ein Geräusch heran, welches nichts auf diesem Planeten so sehr ähnelte wie das Schlagen der Wellen an der Küste von Berwick, wenn der Wind vom Osten blies. Die Erde bebte und die Luft war von diesem dumpfen tosenden Geräusch erfüllt.

„Ruhig Blut, Einundsiebzigste, um Gottes willen ruhig Blut!“ schrie die Stimme unseres Colonels hinter uns, doch vor uns war nichts weiter als die grüne sanfte Böschung des Weidelandes, gesprenkelt mit Gänseblümchen und Löwenzahn. Und dann sahen wir plötzlich hinter der Bodenwelle, in einem einzigen Augenblick, achthundert Messinghelme auftauchen, ein jeder mit einem langen, wehenden Schweif aus Pferdehaar als Helmschmuck, und dann achthundert grimmige braune Gesichter, vorgebeugt und zwischen den Ohren ebenso vieler Pferde hindurchstarrend. Für einen Moment dominierten strahlende Brustharnische, schwingende Schwerter, wehende Mähnen, grimmige rote, sich öffnende und schließende Nüstern und Hufgetrampel die Luft vor uns, doch dann ging die Musketensalve auf sie hernieder und unsere Kugeln klatschten gegen ihre Panzerung wie das Klappern eines Hagelschauers an ein Fenster. Ich feuerte zusammen mit den anderen, stopfte eine neue Ladung nach, so schnell ich konnte, und starrte dann durch den Rauch vor mir, wo ich ein langes dünnes Etwas sehen konnte, das langsam vor und zurück nickte. Ein Horn gab uns das Signal zum Einstellen des Feuers und ein Luftzug klärte den Rauchvorhang vor uns, so daß wir sehen konnten, was geschehen war.

Ich hatte angenommen, die Hälfte des Kavallerieregimentes am Boden liegen zu sehen, doch entweder hatten ihre Brustharnische sie geschützt oder, unerfahren und etwas wankend durch ihr Anstürmen, hatten wir zu hoch gefeuert, denn unsere Salve hatte keinen allzu großen Schaden angerichtet. Um die dreißig Pferde lagen darnieder, drei von ihnen auf einem Haufen nicht weiter als zehn Yards von mir entfernt, das mittlere auf dem Rücken und mit allen vier Beinen in der Luft, und eines von ihnen war es gewesen, das ich durch den Rauch hatte ausschlagen sehen. Es gab acht oder zehn tote Männer und etwa ebenso viele Verletzte, von denen die meisten benommen im Gras saßen bis auf einen, welcher aus vollem Halse „Vive l'Empereur!" brüllte. Ein anderer Kerl – ein noch recht junger großer schwarzbärtiger Bursche –, der einen Schuß in den Oberschenkel bekommen hatte, lehnte sich mit dem Rücken an sein totes Pferd, nahm seinen Karabiner auf und feuerte so munter weiter, als sei er auf einem Preisschießen, und traf Angus Myres, der nur zwei Mann von mir entfernt stand, direkt in die Stirn. Dann streckte er seine Hand aus, um einen anderen Karabiner zu ergreifen, der in seiner Nähe lag, doch bevor er ihn erreichen konnte, rannte der große Hodgson, der Flügelmann der Grenadierkompanie war, vor und rammte ihm sein Bajonett in den Hals, was mir leidtat, denn er schien ein sehr tapferer Mann zu sein.

Zuerst nahm ich an, daß die Kürassiere im Rauch geflohen waren, doch sie waren nicht die Männer, die so etwas einfach taten. Ihre Pferde hatten vor unserer Salve gescheut, waren an unserem Karee vorbeigeprescht und hatten das Feuer der beiden hinteren abbekommen. Dann brachen sie durch eine Hecke und trafen auf ein dort stehendes Regiment der Hannoveraner, das sie so behandelten, wie sie es mit uns gemacht hätten, wenn wir nicht so schnell gewesen wären: sie hieben sie auf der Stelle in Stücke. Es war furchtbar, die großen Deutschen rennen und schreien zu sehen, während die

Kürassiere in ihren Steigbügeln standen, um mit ihren großen schweren Schwertern besser ausholen zu können, und ohne Gnade schnitten und stachen. Ich glaube nicht, daß von diesem Regiment noch hundert Mann am Leben waren, als die Franzosen quer durch unsere Front zurückkamen, uns anschrieen und ihre Waffen schwenkten, die purpurrot waren bis hinunter zu den Schwertgriffen. Dies taten sie, um unser Feuer auf sich zu ziehen, doch unser Colonel war ein zu erfahrener Soldat, denn wir hätten ihnen auf diese Distanz nicht viel Schaden zufügen können, und sie wären unter uns gewesen, bevor wir hätten nachladen können.

Diese Reiter verschwanden wieder hinter der Anhöhe zu unserer Rechten und wir wußten sehr wohl, daß sie wie der Blitz auf uns herabstoßen würden, wenn wir unsere Karrees öffneten. Andererseits war es schwer für uns, dort zu verharren, wo wir standen, denn sie hatten eine Batterie mit zwölf Kanonen angefordert, welche sich nur einige hundert Yards von uns entfernt formiert hatte, allerdings außerhalb unserer Sicht, und diese schickte nun, gerade über den Hügel, ihre Kugeln mitten unter uns, was man Plongierschießen[36] nennt. Einer ihrer Kanoniere war auf die Anhöhe gelaufen und hatte eine Hebestange in den feuchten Boden gesteckt, um ihnen die Richtung zu weisen, direkt vor der Nase der gesamten Brigade, und niemand gab einen Schuß auf ihn ab; jeder überließ ihn dem anderen. Ensign Samson, der jüngste Subalternoffizier[37] im Regiment, rannte aus der Formation und riß die Stange nieder, doch schnell wie ein Grashecht nach einer Elritze kam ein Lanzenreiter über den Kamm geflogen und verpaßte

36 Senkschuß, auch Depressionsschuß: jeder unter die Horizontallinie gerichteter Schuß.

37 Subalternoffizier: bezeichnete einen nachgeordneten Offizier, meist unterhalb der Ebene des Kompaniechefs, ohne eigene Befehlsgewalt.

ihm einen solchen Stoß von hinten, daß nicht nur die Spitze, sondern auch der Wimpel zwischen dem zweiten und dritten Rockknopf des Jungen hindurchdrang. „Helen, Helen!“ rief er und fiel tot auf sein Gesicht, während der Lanzenreiter, halb von Musketenkugeln zerfetzt, seine Waffe immer noch hielt und neben ihn stürzte. Sie lagen nebeneinander, immer noch verbunden durch diese grausame Fessel. Aber als die Batterie das Feuer eröffnete, war keine Zeit mehr für uns, um an irgend etwas anderes zu denken. Ein Karree war sehr gut geeignet, um einem Reiter zu begegnen, aber es gab nichts Gefährlicheres, um eine Kanonenkugel in Empfang zu nehmen, was wir schnell lernten, als sie begannen, rote Furchen in uns zu schneiden, bis unsere Ohren des Aufklatschens und Platschens von hartem Eisen auf lebendes Fleisch und Blut müde waren. Nach zehn Minuten dieser Tortur verlegten wir unser Karree um hundert Schritte nach rechts, doch wir ließen ein anderes hinter uns, denn hundertzwanzig Mann und sieben Offiziere markierten den Ort, an dem wir gestanden hatten. Dann hatten die Kanonen uns wieder und wir versuchten, unsere Formation zu einer Reihe zu öffnen, doch im nächsten Augenblick waren die Reiter – diesmal waren es Lanzenträger – von hinter der Anhöhe über uns. Ich sage Euch, wir waren froh, den Schlag ihrer Hufe zu hören, denn wir wußten, daß dies die Kanonen für einige Minuten zum Schweigen verurteilte und uns die Gelegenheit gab, zurückzuschlagen. Und tatsächlich schlugen wir diesmal hart zurück, denn wir waren jetzt kaltblütig, bösartig und barbarisch, und ich für meinen Teil fühlte, daß mich die Reiter nicht mehr kümmerten, als wären sie eines der vielen Schafe auf dem Corriemuir gewesen. Nach einer Weile tritt die Angst in den Hintergrund und man denkt nicht mehr über die eigene Haut nach, und du fühlst, daß du jemanden bezahlen lassen möchtest für all das, was du durchgemacht hast. Diesmal verlangten wir unser Geld von den Lanzenreitern, denn sie trugen keine Brustharnische, die sie schützten, und wir holten mit nur einer Salve siebzig von ihnen aus ihren Sätteln. Vielleicht, wenn wir siebzig Mütter gesehen hätten, die um ihre Jungs weinen, hätten wir uns nicht so zufrieden gefühlt mit diesem Ergebnis, aber Männer sind einfach nur brutal, wenn sie kämpfen und haben dann nicht mehr Verstand als zwei junge Bulldoggen, die sich gegenseitig an der Gurgel hängen.

Dann handelte unser Colonel sehr klug, denn er hatte bemerkt, daß dies die Kavallerie wenigstens fünf Minuten aufhalten würde: er ließ uns zur Linienformation einschwenken und nahm uns bis zu einer tiefer gelegenen Bodensenke zurück, außerhalb der Reichweite der Kanonen, bevor diese ihr Feuer wieder eröffneten. Dies verschaffte uns die Zeit zum Durchatmen, die wir auch dringend benötigten, denn das Regiment war zusammengeschmolzen wie ein Eiszapfen in der Sonne. Doch so schlimm es für uns auch war, so hatte es einige andere noch viel härter getroffen. Die gesamten flämischen Belgier waren zu diesem Zeitpunkt bereits Hals über Kopf geflohen, fünfzehntausend Mann, und hatten damit große Lücken in unserer Feuerlinie hinterlassen, durch die die französische Kavallerie hindurchritt, wie es ihr beliebte. Denn die Kanonen der Franzosen waren zu zahlreich und zu gut für uns gewesen und hatten unsere schwere Kavallerie in Stücke geschossen, so daß die Lage nicht allzu rosig für uns war. Auf der anderen Seite war Hougoumont, eine blutgetränkte Ruine, noch immer in unserer Hand, und jedes britische Regiment blieb standhaft; obwohl, um die Wahrheit zu sagen, wozu ein Soldat ja verpflichtet ist, es gab unter den blauen Röcken der Belgier auch vereinzelt ein paar rote, die sich nach hinten davonmachten. Doch dies waren Jungs und Versprengte, feige Herzen, die man überall findet, und deshalb sage ich nochmals, daß keines der Regimenter wankte.

Es war nur wenig, was wir von der Schlacht sehen konnten, aber man hätte mit Blindheit geschlagen sein müssen, um nicht zu bemerken, daß alle Felder hinter uns von fliehenden Männern übersät waren. Doch dann, auch wenn wir auf dem rechten Flügel nichts davon mitbekamen, tauchten die Preußen auf, und Napoleon mußte ihnen zwanzigtausend seiner Männer entgegenstellen, was für uns, die wir ausgehalten hatten, bedeutete, daß fast wieder die Ausgangssituation hergestellt war. Doch wie auch immer, dies alles lag für uns im Dunkeln, und es gab einen Zeitpunkt, als die Kavallerie der Franzosen zwischen uns und den Rest der Armee flutete, an dem wir dachten, daß wir die einzige noch standhafte Brigade seien und wir unsere Zähne zusammenbissen mit der Absicht, unser Leben so teuer wie möglich zu verkaufen. Es war nun zwischen vier und fünf Uhr am Nachmittag, die meisten von uns hatten seit dem Abend zuvor nichts mehr gegessen, und obendrein waren wir vom Regen völlig durchnäßt. Es hatte den ganzen Tag über immer mal wieder genieselt, doch die letzten Stunden hatten wir weder einen Gedanken für das Wetter noch für unseren Hunger übrig. Nun aber begannen wir uns umzuschauen und unseren Hosengürtel enger zu schnallen und fragten, wer getroffen und wer verschont geblieben war. Ich war froh, Jim zu sehen, der rechts hinter mir stand, auf seinen Vorderlader gestützt und mit vom Pulverdampf geschwärztem Gesicht. Er sah, daß ich zu ihm herüberschaute und rief mir zu, ob ich verletzt wäre.

„Alles in Ordnung, Jim“, antwortete ich.

„Ich fürchte, ich bin umsonst hier“, sagte er düster, „doch noch ist es nicht zu Ende. Bei Gott, entweder werde ich ihn bekommen, oder er mich!“

Er hatte so viel über das ihm widerfahrenen Unrecht gebrütet, der arme Jim, daß ich wirklich annahm, er sei verrückt geworden, denn als er sprach, hatte er ein grelles Leuchten in seinen Augen, das nichts Menschliches mehr an sich hatte. Er war schon immer ein Mann, der sich selbst die kleinste Sache zu Herzen nahm, und seit Edie ihn verlassen hatte, da war ich mir nun sicher, war er nicht mehr länger Herr seiner selbst. Es war zu diesem Zeitpunkt der Auseinandersetzung, daß wir zwei Einzelkämpfe sahen, was, wie man mir sagte, in den alten Schlachten gang und gäbe war, bevor die Menschen darauf trainiert wurden, in Massen zu kämpfen.

Als wir in der Senke lagen, kamen zwei Reiter direkt vor uns den Hügel entlanggeprescht, so hart, wie Hufe nur klappern konnten. Der erste war ein englischer Dragoner, den Kopf tief in die Mähne seines Pferdes geduckt, der zweite ein französischer Kürassier, ein alter grauhaariger Bursche auf einer schwarzen Stute, der hinter ihm herdonnerte. Unsere Jungs begannen zu johlen, als sie verbeigeflogen kamen, denn es war eine Schande für sie, einen Engländer sich so davonmachen zu sehen; doch als sie quer durch unsere Front fegten, sahen wir, wo das Problem lag. Der Dragoner hatte sein Schwert verloren und war unbewaffnet, während der andere ihm so dicht auf den Fersen war, daß er keine andere Waffe aufgreifen konnte. Schließlich, vielleicht aufgestachelt durch unser Gejohle, entschloß er sich doch, sein Glück zu versuchen. Sein Blick fiel auf die Lanze neben einem toten Soldaten, und so riß er sein Pferd herum, um den anderen passieren zu lassen, sprang behende ab, und ergriff sie. Doch der andere war zu geschickt und stürzte sich auf ihn wie der Blitz. Der Dragoner stach mit der Lanze zu, doch der andere wehrte sie ab und zerschlug ihm das Schulterblatt. Das alles war in nur einem Augenblick getan, und während der Franzose mit seinem Pferd den Hang hinaufgaloppierte, zeigte er uns mit einem Blick über die Schulter seine Zähne wie ein wütender Hund. Das war ein Punkt für sie, doch alsbald zählten wir einen für uns.

Die Franzosen waren in geöffneter Gefechtslinie statt gegen uns gegen die Batterien zu unserer Rechten und Linken vorgerückt. Wir schickten zwei Kompanien des Fünfundneunzigers aus, um sie in Schach zu halten. Es war sonderbar, das knatternde Geräusch, das sie erzeugten, zu hören, denn beide Seiten verwendeten Gewehre. Es befand sich ein Offizier unter den französischen Plänklern – ein großer, dünner Mann mit einem Mantel über der Schulter –, und als unsere Jungs vorrückten, da rannte er mitten zwischen die beiden Parteien und stand dort herausfordernd wie ein Fechter, das Schwert gezückt und den Kopf in den Nacken geworfen. Ich kann ihn jetzt noch sehen mit seinen gesenkten Augenlidern und dem Hohnlächeln auf seinem Gesicht. Daraufhin rannte der Subalternoffizier unserer Jäger, ein feiner, gutgewachsener Kerl, nach vorn und führte einen geraden Stoß gegen ihn mit einem der sonderbar gekrümmten Schwerter, wie sie unsere Schützen tragen. Sie stießen aufeinander wie zwei Böcke, denn sie waren aufeinander zugerannt, und taumelten zu Boden ob des Aufpralles, aber der Franzose lag unten. Das Schwert unseres Mannes brach knapp über dem Heft ab und er bekam die Klinge des anderen durch seinen linken Arm; doch er war der stärkere und schaffte es, mit dem zackigen Stumpf seines Schwertes das Leben aus seinem Feind zu vertreiben. Ich nahm an, daß die französischen

Plänkler ihn niederschießen würden, doch kein Abzug wurde betätigt, und so kehrte er zurück zu seiner Kompanie, mit einem ganzen Schwert in seinem Arm und einem halben in der Hand.

13. Das Ende des Sturmes

Von allen Dingen, die in dieser Schlacht befremdlich erschienen, nun, da ich darauf zurückblicke, war keines seltsamer als die Art und Weise, wie meine Kameraden auf sie reagierten; denn einige nahmen sie so hin, als sei es ihr täglich Brot, ohne etwas in Frage zu stellen oder sich zu verändern, und andere plapperten Gebete vom ersten Schuß bis zum letzten, und wiederum andere fluchten so fürchterlich, daß einem beim Zuhören angst und bange wurde. Es gab da einen, meinen linken Nebenmann, Mike Threadingham, der erzählte unentwegt von seiner unverheirateten Tante Sarah, die ihr Geld, das sie eigentlich ihm versprochen hatte, dann aber einem Heim für die Kinder ertrunkener Seeleute hinterlassen hatte. Wieder und wieder erzählte er mir diese Geschichte, und dann, als die Schlacht vorüber war, schwor er, den ganzen Tag über habe kein Wort seine Lippen verlassen. Ich selbst kann nicht sagen, ob ich sprach oder nicht, aber ich weiß, daß mein Verstand und mein Gedächtnis klarer waren als je zuvor und ich dachte die ganze Zeit an meine alten Leute zu Hause, an die Unverschämtheit meiner Cousine Edie, an de Lissac mit seinem Katzenschnurbart und all die Geschehnisse auf West Inch, die uns letztendlich hierhergeführt hatten in die Ebenen Belgiens als Kanonenfutter für zweihundertfünfzig Geschütze.

Während der ganzen Zeit, in der diese Kanonen donnerten, war es schrecklich gewesen, ihnen zuzuhören, doch nun waren sie plötzlich verstummt, wie die Ruhe mitten in einem Wirbelsturm, wenn man fühlt, daß der nächste Schlag, an seinem Rande, noch schlimmer sein wird. Es herrschte noch immer ein gewaltiger Lärm am entfernten Flügel, dort wo die Preußen vorwärtsdrängten, doch das war zwei Meilen entfernt. Die anderen Batterien, sowohl die französischen als auch die englischen, schwiegen und der Rauch verzog sich, so daß die Armeen etwas voneinander erkennen konnten. Es war ein düsterer Anblick entlang unserer Anhöhe, denn es schien dort nur noch ein paar vereinzelte Gruppen in Rot zu geben und grüne Reihen, wo die Deutsche Legion stand, während die Truppen der Franzosen so dicht standen wie zuvor, obwohl wir natürlich wußten, daß sie viele Tausende bei den Angriffen verloren haben mußten. Wir hörten ein lautes Jubeln und Geschrei aus ihren Reihen, und dann eröffneten plötzlich all ihre Batterien zusammen das Feuer mit einem Getöse, das mit dem vorherigen Lärm nicht zu vergleichen war. Sie mochten gut doppelt so laut sein, denn jede Batterie stand nun doppelt so dicht, bis auf Kernschußreichweite[38] vorgeschoben, mit gewaltigen Massen an Reitern zwischen und hinter ihnen, um sie vor Angriffen zu schützen. Als dieser Höllenlärm auf unsere Ohren traf, gab es keinen Mann bis hinunter zu den Trommlerjungen, der nicht verstand, was dies zu bedeuten hatte. Es war Napoleons letzte große Offensive, um uns zu zermalmen. Es verblieben nur noch zwei Stunden Tageslicht, und wenn wir bis zur Dunkelheit standhielten,

38 Kernschuß: „Kernschuß , jeder Schuß, bei dem die Visierlinie parallel zur Seelenachse des Geschützes läuft und das Geschoß das Ziel ohne Aufschlag erreicht.“ (Dienstvorschrift für die Unteroffiziere der Königlich Preußischen Artillerie. Laue, 1832).

würde alles gut sein. Ausgehungert, müde und erschöpft beteten wir, daß wir Kraft genug hätten zum Laden, Stechen und Feuern, solange noch einer von uns auf seinen Füßen stand.

Napoleons Kanonen konnten uns jetzt keinen großen Schaden zufügen, denn wir lagen in voller Deckung, doch konnten wir uns in nur wenigen Sekunden in einen Haufen von Bajonetten verwandeln, wenn seine Reiter wieder herabstürmen sollten. Doch hinter dem Donner der Geschütze erwuchs ein schärferes, schrilleres Geräusch, schwirrend und scheppernd, ein Ton, in dessen Art etwas Ungebärdiges, Lebhaftes und Ergreifendes lag.

„Das ist der pas-de-charge![39]“ rief ein Offizier. „Jetzt machen sie ernst!“

Als er sprach, erlebten wir etwas Sonderbares. Ein Franzose, gekleidet wie ein Offizier der Husaren, kam auf einem kleinen Braunen auf uns zu galoppiert. Er schrie aus vollen Lungen „Vive le roi! Vive le roi!“[40], was bedeutete, daß er ein Deserteur war, denn wir kämpften für den König und sie für ihren Kaiser. Als er an uns vorbeipreschte, brüllte er auf Englisch: „Die Garde kommt! Die Garde kommt!“ und verschwand dann eilig nach hinten wie ein Blatt, das vor einem Sturm hergetrieben wird. Im nächsten Moment kam ein Adjutant herangeritten mit dem wohl rötesten Gesicht, das ich je bei einem Sterblichen gesehen hatte.

„Sie müssen sie aufhalten, oder alles ist verloren!“ schrie er General Adams zu, so daß ihn die gesamte Kompanie hören konnte.

„Wie stehen die Dinge?“ fragte der General.

„Zwei schwache Schwadronen sind von den sechs Regimentern der schweren Kavallerie noch übrig“, ant-

39 pas-de-charge: Sturmangriff.
40 Vive le roi!: Lang lebe der König!

wortete er und begann zu lachen, wie jemand, dessen Nerven überspannt sind.

„Vielleicht würden Sie sich ja gerne unserem Vormarsch anschließen? Betrachten Sie sich als einen von uns“, sagte der General, sich verbeugend und lächelnd, als würde er ihn zu einer Tasse Tea einladen.

„Es wird mir ein Vergnügen sein“, sagte der andere, seinen Hut ziehend, und im nächsten Augenblick hatten sich unsere Regimenter zusammengeschlossen und die Brigade rückte in vier Reihen durch die Senke vor, in der wir im Karree gestanden hatten, und über den Punkt hinaus, von wo wir zuvor die Franzosen hatten kommen sehen. Dort war nur wenig zu erkennen, lediglich die roten Mündungsfeuer der Geschütze blitzten durch die Rauchschwaden samt den schwarzen Figuren – niederbeugen, strecken, wischen, stopfen –, die wie Teufel an einem teuflischen Werk arbeiteten. Doch durch die Rauchwolke wurde das Scheppern und Schwirren mit dem Geschrei tiefer Stimmen und dem Stampfen tausender Füße immer lauter und lauter. Dann drang ein breiter, dunkler, verschwommener Fleck durch den Dunst, der immer kräftiger und deutlicher wurde, bis wir erkennen konnten, daß es hundert Mann Seite an Seite waren, die schnell auf uns zumarschierten mit hohen Pelzmützen auf ihren Köpfen und dem Glanz von Messingemblemen über ihren Augen. Und hinter diesen hundert kamen nochmals hundert und hinter diesen wieder und wieder und wieder, sich windend und krümmend, aus dem Geschützrauch heraus wie eine monströse Schlange, bis es schien, als nehme die gewaltige Kolonne gar kein Ende. Vorneweg rannten vereinzelte Plänkler und hinter ihnen die Trommler, und alle zusammen kamen in einer Art trippelnden Laufschrittes heran, mit den Offizieren, die sich dicht zu ihren Seiten drängten, ihre Schwerter schwangen und aufmunternd jubelten. In vorderster Front gab es ein Dutzend Reiter, die allesamt triumphierend brüllten, und einen, der seinen Hut auf seiner Schwertspitze in die Höhe hielt. Ich sage es hier nochmals, kein Mann auf Erden hätte beherzter kämpfen können als die Franzosen an diesem Tage. Ihr Aufmarsch war ein wunderbarer Anblick, doch als sie weiter vorrückten, kamen sie in das Schußfeld ihrer eigenen Kanonen, so daß diese sie nun nicht länger unterstützen konnten, während sie gleichzeitig in die Reichweite der zwei Batterien gelangten, welche schon den ganzen Tag zu unser beider Seiten in Stellung lagen. Jede Kanone hatte eine Wirkungsbreite von einem Fuß und wir sahen, wie lange rote Linien in die dunkle Kolonne gekerbt wurden, während diese vorrückte. So nah waren sie, und so dicht zusammen marschierten sie, daß jeder Schuß durch zehn Reihen von ihnen pflügte, und doch schlossen sie immer wieder auf und drängten weiter mit einem Schwung und einer Geschwindigkeit vor, daß es schön anzusehen war. Ihre Spitze war direkt auf uns gerichtet, während das Fünfundneunzigste sie an der einen Flanke und das Zweiundfünfzigste sie an der anderen Flanke überlappte.

Ich denke immer, daß die Garde unsere Linie durchbrochen hätte, wenn wir stehengeblieben wären, denn wie konnte eine vier Reihen tiefe Gefechtslinie gegen eine solche Kolonne bestehen? Aber in diesem Moment schwang Colburne, der Colonel des Zweiundfünfzigsten, mit seinem rechten Flügel herum, um ihn vor die Flanke der Kolonne zu bringen, was die Franzosen zum Halten zwang. Ihre vorderste Linie war zu diesem Zeitpunkt vierzig Schritte von uns entfernt und wir hatten einen guten Blick auf sie. Es war komisch, mich daran zu erinnern, daß ich mir die Franzosen immer als kleine Männer vorgestellt hatte, denn da gab es keinen einzigen in dieser ersten Kompanie, der mich nicht wie ein kleines Kind hätte hochheben können, und ihre hohen Hüte ließen sie noch großer erscheinen. Allesamt waren es harte, magere, drahtige Kerle mit grimmigen, verkniffenen Gesichtern und strotzenden Schnurrbärten, erfahrene Soldaten, die immer nur gekämpft und gekämpft hatten, tagein, tagaus, viele Jahre lang. Und dann, wie ich so dastand, mit dem Finger am Abzug und auf das Kommando zum Feuern wartete, fiel mein Blick direkt auf den berittenen Offizier mit dem Hut auf seinem Schwert, und ich sah, daß es de Lissac war.

Ich sah ihn, und Jim sah ihn auch. Plötzlich hörte ich einen Schrei und sah ihn wie vom Wahnsinn befallen auf die französische Kolonne zustürmen, und, schneller als gedacht, folgte die gesamte Brigade, einschließlich der Offiziere, seinem Beispiel, und warf sich gegen die Front der Garde, während unsere Kameraden sie an ihren Flanken angingen. Wir hatten auf den Befehl zum Angriff gewartet und alle dachten nun, daß er gegeben worden sei, doch, bei meinem Wort, der wahre Führer der Brigade, bei unserem Angriff auf die Alte Garde, war Jim Horscroft.

Nur Gott weiß, was in diesen verrückten fünf Minuten geschah. Ich erinnere mich noch, daß ich meine Muskete auf einen Blaurock richtete und den Hahn zog, und daß der Mann nicht umfallen konnte, weil er in der Menge eingeklemmt war, doch ich sah einen grausamen dunklen Fleck auf dem Tuch und einen dünnen Rauchfaden daraus aufsteigen, als hätte er Feuer gefangen. Dann wurde ich selbst gegen zwei kräftige Franzosen geworfen und so an sie gepreßt, daß wir alle drei keine Waffe erheben konnten. Einer von ihnen, ein Kerl mit einer sehr langen Nase, bekam die Hand an meinen Hals und ich fühlte mich wie ein Huhn in seinem Griff.

„Rendez vous, coquin, rendez vous!“[41] sagte er und knickte dann plötzlich mit einem Aufschrei ein, weil ihm jemand ein Bajonett in die Gedärme gestoßen hatte. Nach dem ersten Aufeinandertreffen wurde nur noch wenig geschossen , doch man hörte das Krachen von Kolben gegen Musketenläufe, die kurzen Schreie getroffener Männer und das Brüllen der Offiziere. Und dann, plötzlich, begannen sie zurückzuweichen – langsam, widerwillig, Schritt für Schritt, doch immer weiter. Ach – dieser erregende Moment, als wir fühlten, sie besiegen zu können, er war es wert, das alles durchgemacht zu haben. Da stand ein Franzose vor mir, mit markantem Gesicht und dunklen Augen, der lud und feuerte so ruhig, als wäre er bei einem Ausbildungsschießen, verharrte auf jedem Ziel und schaute sich zuerst um, ob er nicht einen Offizier finden konnte. Ich erinnere mich, wie es mir in den Sinn kam, daß es uns einen guten Dienst erweisen würde, diesen kaltblütigen Mann zu töten und ich stürmte auf ihn los und trieb mein Bajonett in ihn hinein. Er drehte sich um, als ich ihn traf, und feuerte mir direkt ins Gesicht, und die Kugel hinterließ quer über meiner Wange eine Strieme, die mich bis an mein Lebensende zeichnen wird. Ich stolperte über ihn, als er fiel, und da zwei andere über mich taumelten, wurde ich in dem Haufen fast erstickt. Als ich mich endlich herausgekämpft und meine halb mit Pulver beschmierten Augen gesäubert hatte, sah ich, daß die Kolonne tatsächlich zerbrochen und in Gruppen von Männern aufgerieben worden war, die entweder um ihr Leben liefen oder Rücken an Rücken kämpften in dem vergeblichen Versuch, unsere noch immer vorrückende Brigade aufzuhalten. Mein Gesicht fühlte sich an, als hätte man ein rotglühendes Eisen darübergelegt,

41 Rendez vous, coquin, rendez vous!: Das ist unsere Verabredung, Bürschchen, unsere Verabredung!

doch ich konnte meine Glieder bewegen, sprang über die Überreste des Todes und die verstümmelten Männer, hastete meinem Regiment hinterher und reihte mich in die rechte Flanke ein.

Dort traf ich den alten Major Elliot, der zu Fuß mit einherhinkte, denn sein Pferd war getroffen worden, doch es ging ihm gut. Er sah mich kommen und nickte mir zu, aber es war nicht die Zeit für Worte. Die Brigade rückte immer noch vor, doch der General, der direkt vor mir ritt, blickte über seine Schulter, um nach der Höhe der britischen Gefechtslinie zu schauen.

„Ich kann kein gemeinsames Vorrücken erkennen“, sagte er, „doch ich ziehe mich jetzt nicht wieder zurück!“

„Der Duke of Wellington hat einen großen Sieg errungen“, rief der Adjutant mit feierlicher Stimme, doch dann übermannten ihn seine Gefühle und er fügte hinzu, „wenn der verdammte Dummkopf doch nur vorrücken wollte!“, was uns in der Flankenkompanie alle laut auflachen ließ.

Doch nun konnte jedermann erkennen, daß die französische Armee auseinanderbrach. Die Kolonnen und Schwadronen, welche den ganzen Tag über in geordneten Formationen standgehalten hatten, waren nun alle an ihren Rändern ausgefranst, und wo die Plänkler in dichten Streifen an vorderster Front gestanden hatten, da gab es jetzt nur noch vereinzelte Versprengte im Hintergrund. Die Garde dünnte sich unter unserem Druck immer weiter aus und wir stießen auf zwölf auf uns gerichtete Kanonen, doch im nächsten Augenblick waren wir auch schon über ihnen; und ich sah unseren jüngsten Subalternoffizier, dem nächsten nach jenem, welcher durch den Lanzenreiter getötet wurde, wie er mit einem Stück Kreide auf alle Rohre eine große 71 schrieb, wie ein Schuljunge, der er ja auch noch war. In diesem Moment hörten wir einen tosenden Jubel hinter uns und sahen, wie die gesamte britische Armee über den Kamm der Anhöhe flutete und sich über den verbliebenen Rest ihrer Feinde ergoß. Auch die Kanonen rückten hüpfend und rasselnd mit vor, und unsere Leichte Kavallerie – das, was von ihr übriggeblieben war – hielt mit unserer Brigade zu ihrer Rechten schritt. Danach gab es keine Kämpfe mehr. Der Vormarsch verlief nun ohne Unterbrechung, bis unsere Armee auf ganzer Linie auf eben dem Boden stand, den die Franzosen am Morgen noch gehalten hatten. Ihre Geschütze waren unsere, ihre Fußsoldaten waren ein über die gesamte Fläche des Landes verteilter Mob, und allein ihre tapfere Kavallerie war in der Lage, eine Art Ordnung zu halten und sich ungebrochen vom Feld zurückzuziehen. Dann endlich, gerade als es begann dunkel zu werden, konnten unsere erschöpften und ausgehungerten Männer die Arbeit den Preußen überlassen und ihre Waffen auf dem Boden zusammenstellen, den sie erobert hatten. Das war alles, was ich erlebte oder Euch über die Schlacht von Waterloo berichten kann, außer, daß ich an diesem Abend ein Zwei-Pfund-Roggenbrot zum Abendbrot verspeiste, mit so viel gesalzenem Fleisch, wie man mir zugestand und einem ganzen Krug Rotwein, bis ich mir ein neues Loch am Ende meines Gürtels bohren mußte und dieser mich dann immer noch so fest umschloß wie ein Eisenband ein Faß. Danach legte ich mich ins Stroh, wo sich der Rest der Kompanie schon ausgestreckt hatte, und in weniger als einer Minute war ich in einen tiefen Schlaf gefallen.

14. Der Rechnung des Todes

Der Tag brach an und das erste fahle Licht hatte gerade begonnen, sich durch die langen Ritzen in den Wänden unserer Scheune zu stehlen, als mich jemand kräftig an der Schulter rüttelte und ich aufsprang. Zunächst dachte mein einfältiger verschlafener Schädel, die Kürassiere seien über uns hergefallen, und ich griff nach einer Hellebarde, die an der Wand lehnte, doch dann sah ich die langen Reihen der Schlafenden und erinnerte mich wieder, wo ich mich befand. Doch ich kann Euch sagen, daß ich große Augen machte, als ich erkannte, daß es niemand anderes als Major Elliot war, der mich so rüde geweckt hatte. Sein Gesicht war sehr ernst, und hinter ihm standen zwei Sergeanten mit langen Zetteln und Stiften in der Hand.

„Wach auf, Jungchen“, sagte er ganz wie früher, als ob wir wieder zurück auf dem Corriemuir wären.

„Ja, Major?“ stammelte ich.

„Ich möchte, daß du mit mir kommst. Ich fühle, daß ich euch beiden Burschen etwas schuldig bin, denn ich war es ja, der euch von zu Hause fortgeholt hat. Jim Horscroft wird vermißt.“

Ich wurde verlegen, denn über die Aufregungen, den Hunger und die Müdigkeit hatte ich seit dem Zeitpunkt, als er, mit dem gesamten Regiment hinter sich, auf die französische Garde losgestürmt war, keinen einzigen Gedanken mehr an meinen Freund verschwendet.

„Ich gehe nun hinaus, um eine Liste über unsere Verluste zu erstellen“, sagte der Major, „und wenn du mitkommen möchtest, so wäre ich sehr froh, dich dabeizuhaben.“

So brachen wir auf, der Major, die beiden Sergeanten und ich, doch, oh weh, es war ein grauenvoller Anblick – so fürchterlich, daß ich selbst heute noch, nach so vielen Jahren, so wenig wie möglich darüber spreche. Es war schlimm, das alles in der Hitze des Gefechtes zu erleben, doch jetzt, im kalten Morgengrauen, ohne Triumphgeschrei, Trommelwirbel oder Fanfarenstöße, war die ganze Glorie dahin, und es war alles nur noch eine einzige riesige Schlächterei, in der arme Teufel zerrissen, gesprengt und zerschmettert worden waren, als hätten wir versucht, das Antlitz Gottes zu verhöhnen. Dort am Boden konnte man jede einzelne Etappe des gestrigen Tages ablesen – die toten Fußsoldaten, die in Karrees lagen und davor die Reihen toten Reiter, die dafür bezahlen mußten und oben auf der Anhöhe die toten Kanoniere, die um ihre zerstörten Geschütze herum verstreut lagen. Die Kolonne der Garde hatte einen Streifen durch das Feld hinauf hinterlassen wie die Spur einer Schnecke, und an ihrem Kopf lagen haufenweise Blauröcke über Roten, wo das heftige Tauziehen stattgefunden hatte, bevor die Franzosen ihren Rückzug antraten.

Und das allererste was ich sah, als ich dort ankam, war Jim. Er lag der Länge nach auf dem Rücken, sein Gesicht war dem Himmel zugewandt, und all die Leidenschaft und jeglicher Ärger schien von ihm gewichen zu sein, so daß er gerade wieder so ausschaute wie der alte Jim, den ich Hunderte Male in seinem Bett hatte liegen sehen, als wir noch Schulkameraden waren. Ich schrie vor Kummer laut auf, als ich ihn fand, doch als mein Blick auf sein Gesicht fiel und ich sah, wieviel glücklicher er im Tode ausschaute, als ich es mir je erhofft hatte, ihn lebend zu sehen, da fiel es doch schwer, um ihn zu trauern. Zwei französische Bajonettes hatten seine Brust durchbohrt und er war augenblicklich und ohne Schmerzen gestorben, wenn man dem Lächeln auf seinen Lippen Glauben schenken konnte.

Der Major und ich hoben seinen Kopf an, in der Hoffnung, es stecke vielleicht noch ein Funken Leben in ihm, als ich eine wohlbekannte Stimme neben mir vernahm, und da lag de Lissac, auf einen Ellbogen gestützt, zwischen anderen umherliegenden Soldaten der Garde. Er hatte einen großen blauen Mantel um sich gewickelt und sein Hut mit der langen roten Feder lag auf dem Boden neben ihm. Er war blaß und hatte dunkle Flecken unter den Augen, aber ansonsten sah er aus wie eh und je, mit seiner spitzen, hageren Nase, dem drahtigen Schnurrbart und dem kurzgeschnittenen Haar, das oben schon langsam dünn wurde. Er hatte schon immer schmale Augen gehabt, doch nun konnte man von ihnen nur noch einen schwachen Schimmer zwischen den Lidern erkennen.

„Hola, Jock“, rief er. „Ich hatte nicht erwarten, hier Sie zu sehen, und doch, ich hätte wissen es müssen, als ich Freund Jim hier entdeckte.“

„Sie waren es, der all das Unheil über ihn gebracht hat“, sagte ich.

„Ach was“, rief er in seiner altbekannten ungeduldigen Art. „Es ist alles vorbestimmt für uns. Als ich war in Spanien, ich lernte an das Schicksal zu glauben. Es ist auch das Schicksal, welches Sie geschickt hat hierher an diesem Morgen.“

„Das Blut dieses Mannes klebt an Ihren Händen“, antwortete ich und legte meine Hand auf des armen Jims Schulter.

„Und meines an den seinen, so haben wir unsere Schulden beglichen."

Er schlug seinen Mantel auf, als er das sagte, und ich sah mit Entsetzen, daß ein großer dunkler Klumpen geronnenen Blutes aus seiner Flanke herausgequollen war.

„Das ist meine dreizehnte und letzte", sagte er mit einem Lächeln. „Sie sagen, daß dreizehn ist eine Unglückszahl. Haben Sie etwas zu trinken für mich aus Ihrer Flasche?"

Der Major hatte etwas Wasser und Brandy bei sich. De Lissac schlürfte es begierig. Seine Augen wurden klarer und ein kleinwenig Farbe kam zurück in seine ausgezehrten Wangen.

„Das hier Jim hat getan", sagte er. „Ich hörte meinen Namen rufen jemanden, und dort er stand, mit seiner Muskete an meinen Rock gepreßt. Zwei meiner Männer stachen ihn nieder, als er feuerte. Nun ja, Edie war dies alles wert! Sie werden in Paris sein, Jock, in weniger als einem Monat, und Sie werden sie sehen. Sie werden sie finden in der Rue Miromesnil, Nummer 11, das ist in der Nähe der Madeleine. Bringen Sie es ihr bei sehr schonend, denn Sie können sich nicht vorstellen, wie sehr sie hat mich geliebt. Sagen Sie ihr, daß alles was ich habe, befindet sich in zwei schwarzen Truhen und Antoine hat die Schlüssel. Werden Sie es nicht vergessen?"

„Ich werde mich daran erinnern."

„Und Madame, Ihre Mutter? Ich vertraue darauf, daß Sie war bei bester Gesundheit, als Sie fortgingen. Und Monsieur ebenfalls, Ihren Vater? Überbringen Sie ihnen meine vorzüglichsten Grüße!"

Sogar jetzt, als der Tod über ihn hereinbrach, deutete er die wohlbekannte Verbeugung und Handbewegung an, als ob er seine Grüße an meine Mutter selbst übersandte.

„Sicher“, sagte ich, „ist Ihre Wunde nicht so ernst, wie Sie denken. Ich kann den Arzt des Regimentes für Sie holen.“

„Mein lieber Jock, ich habe nicht verteilt und eingesteckt Wunden in den letzten fünfzehn Jahren, ohne zu wissen, wann die eine ist gekommen, die mich nach Hause holt. Aber es ist auch, weil ich weiß, daß für meinen kleinen Herrn nun alles ist zu Ende und ich reise lieber mit meinen Voltigeurs, als zu bleiben als ein Verbannter und ein Bettler. Nebenbei bemerkt, es ist ziemlich sicher, daß die Alliierten mich würden erschießen, so bewahrt es mich vor dieser Demütigung.“

„Die Alliierten, Sir“, sagte der Major in einiger Erregung, „würden sich einer solch barbarischen Handlung nicht schuldig machen.“

Doch de Lissac schüttelte seinen Kopf mit dem selben traurigen Lächeln.

„Sie können es nicht wissen, Major“, antwortete er. „Glauben Sie wirklich, ich wäre geflohen nach Schottland und hätte geändert meinen Namen, wenn ich nicht mehr hätte zu fürchten gehabt als meine Kameraden, welche verblieben waren in Paris? Ich war besorgt um mein Leben, denn ich war sicher, daß mein kleiner Herr zurückkommen würde. Nun möchte ich lieber sterben, denn er wird niemals wieder eine Armee führen. Außerdem habe ich Dinge getan, die man nicht vergeben kann. Ich war derjenige, welcher führte das Kommando, das gefangennahm und erschoß den Duc d’Enghien[42]. Ich war es – Ah, mon Dieu! Edie, Edie, ma chérie!“

---

42 Duc d’Enghien: Louis Antoine Henri de Bourbon, Herzog von Enghien (* 2. August 1772 in Chantilly; † 21. März 1804 im Schloß Vincennes) war ein französischer Herzog aus dem Adelsgeschlecht der Condé, den Napoleon Bonaparte verschleppen und nach einem Scheinprozeß erschießen ließ.

Er streckte beide Hände aus, und alle Finger tasteten zitternd durch die Luft. Dann ließ er sie schwer herabfallen und sein Kinn sank ihm auf die Brust. Einer unserer Sergeanten legte ihn vorsichtig nieder und der andere zog den großen blauen Mantel über ihn; und so verließen wir die beiden, die das Schicksal auf so eigenartige Weise zusammengeführt hatte, den Schotten und den Franzosen, still und friedlich daliegend, nur eine Handbreit voneinander entfernt auf dem blutgetränkten Hang nahe Hougoumont.

15. Das Ende

Und nun bin ich schon fast am Ende von allem angelangt und ich bin äußerst froh, es bis hierhin geschafft zu haben; denn ich begann diese alten Erinnerungen mit leichtem Herzen, in dem Glauben, sie würden mir etwas Beschäftigung für die langen Sommerabende geben, doch als ich weiter vorankam, erweckte ich tausendfach schlafenden Kummer und halbvergessene Trauer, und nun ist meine Seele so wund wie die Haut eines schlecht geschorenen Schafes. Wenn ich die Geschichte wohlbehalten zum Abschluß gebracht habe, so schwöre ich, nie wieder einen Stift auf ein Blatt Papier zu setzen, denn zu Anfang ist es so leicht, als wandere man in einem abschüssigen Wasserlauf, und dann, ehe du dich versiehst, hat es dich von den Füßen und in ein Loch gerissen, und du hast, so gut du kannst, damit zu kämpfen, wieder herauszukommen.

Wir begruben Jim und de Lissac mit vierhunderteinunddreißig anderen der französischen Garde und unserer Leichten Infanterie in einer einzigen Furche. Ach, wenn man einen tapferen Mann aussäen könnte wie Korn, so würde hier eines Tages ein feines Getreide aus lauter Helden aufgehen! Dann ließen wir das blutige Schlachtfeld für immer hinter uns und marschierten mit unserer Brigade über die französische Grenze auf unserem Weg nach Paris.

Mir wurde in all den Jahren immer wieder beigebracht, die Franzosen als ein sehr böses Volk anzusehen, und da wir von ihnen immer nur im Zusammenhang mit Kämpfen und Abschlachten zu Lande und auf See hörten, so war es mehr als selbstverständlich anzunehmen, daß sie von Natur aus grausam wären und es sich nicht schickt, sich mit ihnen einzulassen. Andererseits hatten sie von uns nur in der gleichen Weise gehört und so, kein Zweifel, dachten sie auch genauso über uns. Doch als wir durch ihr Land marschierten, und ihre hübschen kleinen Gehöfte sahen, die ordentlichen und gelassenen Menschen bei der Arbeit auf den Feldern, die Frauen strickend am Straßenrand und eine alte Großmutter mit einer großen weißen Leinenkappe, die einem Baby einen Klaps gab, um ihm Manieren beizubringen, wirkte das alles so anheimelnd, daß ich nicht verstand, warum wir diese guten Leute so lange gehaßt und gefürchtet hatten. Aber ich vermute, wir haßten in Wahrheit tatsächlich nur den Mann, der sie regierte, und nun, da er gegangen und sein großer Schatten vom Land genommen war, strahlte alles wieder im alten Glanze.

Wir trotteten glücklich und zufrieden durch das lieblichste Land, das meine Augen jemals erblickten, bis wir zu der großen Stadt kamen, wo wir vermuteten, daß es vielleicht noch einmal zu einer Schlacht kommen konnte, denn es lebten hier so viele Menschen, daß es für eine stattliche Armee ausgereicht hätte, wenn nur jeder Zwanzigste von ihnen herausgekommen wäre. Aber in der Zwischenzeit hatten sie eingesehen, daß es ein Jammer war, das ganze Land einem einzigen Mann zuliebe zu zerstören, und so hatten sie ihm erklärt, daß er sich davonmachen und künftig für sich selber sorgen solle. Das nächste was wir hörten war, daß er sich den Briten unterworfen hatte und die Tore von Paris für uns offenstanden, was sehr gute Nachrichten für mich waren, denn ich konnte gut mit der einen Schlacht auskommen, die ich erlebt hatte.

Doch es gab auch jetzt noch viele Menschen in der Stadt, die Boney geliebt hatten, und das war ganz natürlich, wenn man bedenkt, welchen Ruhm er ihnen beschert hatte, und daß er doch niemals eine Armee an einen Ort geschickt hatte, an den er nicht auch selbst gegangen wäre. Sie hatten nur finstere Gesichter für uns, als wir einmarschierten, das kann ich Euch sagen, und wir von Adams Brigade waren die ersten, die den Fuß in die Stadt setzten. Wir zogen über eine Brücke, die sie Neuilly nennen, was leichter zu schreiben ist als auszusprechen, und durch einen schönen Park, den Bois de Boulogne[43], und schließlich auf die Champs d'Elysees. Hier biwakierten wir, und schon sehr bald waren die Straßen so voll von Preußen und Engländern, daß alles eher einem Heerlager glich denn einer Stadt.

Sobald ich das erste Mal abkömmlich war, ging ich mit Rob Steward, einem aus meiner Kompanie – denn es war uns nur paarweise erlaubt, auszugehen – zur Rue Miromesnil. Rob wartete in der Eingangshalle und ich wurde nach oben geführt; und als ich das Zimmer betrat, war da Cousine Edie und starrte mich an, mit diesem wilden Blick ihrer Augen, genauso wie früher. Für einen Moment erkannte sie mich nicht, doch dann sprang sie mit drei großen Sätzen auf mich zu und fiel mir um den Hals.

„Oh, mein lieber alter Jock", rief sie, „wie gut du ausschaust in diesem roten Rock!"

„Ja, ich bin jetzt ein Soldat, Edie", antwortete ich sehr steif, denn als ich in ihr hübsches Gesicht schaute, so schien ich dahinter das andere Gesicht zu sehen, das

43 Bois de Boulogne: Wald und Park im Westen von Paris.

in den Morgenhimmel hinaufgeschaut hatte auf dem Schlachtfeld in Belgien.

„So was aber auch“, rief sie. „Was bist du denn, Jock? Ein General? Ein Captain?

„Nein, ich bin ein einfacher Infanteriesoldat.“

„Was, doch nicht etwa so einer, der eine Muskete trägt?“

„Doch, ich trage eine Muskete.“

„Oh, das klingt ja nicht wirklich interessant“, sagte sie. Und dann ging sie zurück zu dem Sofa, von dem sie aufgesprungen war. Es war ein wundervolles Zimmer, mit Seide und Samt und glänzenden Dingen, und ich verspürte den Drang zurückzugehen und mir nochmals die Stiefel abzuputzen. Als Edie sich wieder setzte, sah ich, daß sie ganz in schwarz gekleidet war, und so wußte ich, daß sie bereits vom Tode de Lissacs gehört hatte.

„Ich bin sehr froh, daß du schon alles weißt“, sagte ich, denn ich bin sehr ungeschickt in solch empfindlichen Dingen. „Er sagte, daß du alles in den Kisten finden würdest und daß Antoine die Schlüssel hat.“

„Ich danke dir, Jock, vielen Dank“, sagte sie. „Es war sehr freundlich von dir, mir diese Nachricht zu überbringen. Ich hörte bereits vor einer Woche davon. Es hat mich verrückt gemacht, als ich es erfuhr – völlig verrückt. Ich werde bis ans Ende meiner Tage Trauer tragen, obwohl du ja sehen kannst, wie schrecklich es mich ausschauen läßt. Ach, ich werde niemals darüber hinwegkommen. Ich werde den Schleier nehmen und im Kloster sterben.“

„Bitte sehr, Madame“, sagte ein Mädchen, das zur Tür hereinschaute, „der Count de Beton wünscht Sie zu sehen.“

„Mein lieber Jock“, sagte Edie und sprang auf, „das ist sehr wichtig. Ich bin untröstlich, unsere Plauderei hier unterbrechen zu müssen, aber ich bin sicher, daß du mich wieder einmal besuchen kommst, nicht wahr, wenn ich weniger betrübt bin? Und würde es dir etwas ausmachen, durch die Seitentür hinauszugehen anstatt durch das Portal? Ich danke dir, lieber alter Jock, du warst immer ein braver Junge und hast immer genau das getan, was man dir aufgetragen hat."

Und dies war das letzte, was ich jemals von Cousine Edie sehen sollte. Sie stand im Sonnenlicht mit ihrem herausfordernden Blick und einem strahlenden Lächeln; und so werde ich sie für immer in Erinnerung behalten, glänzend und unstet, wie ein Tropfen Quecksilber. Als ich zu meinem Kameraden unten auf der Straße kam, sah ich einen großen Zweispänner vor dem Portal, und ich wußte, daß sie mich gebeten hatte, mich hinauszuschleichen, damit ihr wunderbarer neuer Freund niemals erfahren mochte, mit was für einfachen Leuten sie in ihrer Kindheit verbunden war. Sie hatte nicht einmal nach Jim gefragt noch nach meinem Vater und meiner Mutter, die doch so freundlich zu ihr gewesen waren. Nun, so war sie eben, und sie konnte genau so wenig dagegen tun wie ein Kaninchen gegen das Wippen seines Stummelschwanzes, und doch machte es mir das Herz schwer, als ich dies dachte. Zwei Monate später hörte ich, daß sie den Count d'Beton geheiratet hatte, und ein oder zwei Jahre später verstarb sie im Kindbett.

Und was uns betraf, unsere Arbeit war getan, denn der große Schatten ward von Europa genommen und fiel nun nicht länger über die Weite der Länder, über friedliche Farmen und kleine Dörfer, das Leben verdunkelnd, das doch eigentlich so glücklich sein sollte. Ich kehrte nach Corriemuir zurück, nachdem ich meinen Dienst quittiert hatte, und dort übernahm ich, als mein Vater gestorben war, die Schaffarm, heiratete Lucy Deane aus Berwick, zog sieben Kinder groß, die ihren

Vater allesamt überragen und sorgfältigst darauf achten, daß er dies auch niemals vergißt. Doch in den ruhigen, friedlichen Tagen, die nun vorbeiziehen, einer wie der andere, wie schottische Widder, kann ich den jungen Leuten kaum mehr glaubhaft machen, daß genau hier unsere Liebesgeschichte begann, als Jim und ich um ein Mädchen warben und der Mann mit dem Katzenschnurrbart aus dem Meer auftauchte.